Bernd Mönkebüscher

Unverschämt katholisch sein

Anstiftungen

W0193667

Bernd Mönkebüscher

Unverschämt katholisch sein

Anstiftungen

echter

Bibliografische Information der Deutschen Nationalbibliothek

Die Deutsche Nationalbibliothek verzeichnet diese Publikation in der Deutschen Nationalbibliografie; detaillierte bibliografische Daten sind im Internet über ‹http://dnb.d-nb.de› abrufbar.

1. Auflage 2019
© 2019 Echter Verlag GmbH, Würzburg
www.echter.de

Umschlag: wunderlichundweigand.de (Umschlagbild: shutterstock)
Satz: Crossmediabureau – http://xmediabureau.de
Druck und Bindung: CPI books – Clausen & Bosse, Leck

ISBN 978-3-429-05413-7

Inhalt

Vorwort

„Haben Sie nicht Angst, müssen Sie nichts befürchten bei dem, was Sie sagen?" Ein Redakteur der Ortspresse fragt mich so.

Ich komme ins Nachdenken. Ist das in der Kirche (immer noch) so? Fragen nicht erwünscht, nicht zur Sprache bringen, was das Herz sagt?

Ich antworte: Wir haben keinen Maulkorb. Man muss sagen dürfen, was man denkt. Ich finde, man muss es nicht nur dürfen, es muss erwünscht und gewollt sein.

Manche Bischöfe tun das derzeit stark. Obwohl mir dieser Tage ein geschätzter Kollege sagte: „Ich weiß nicht, ob Kardinal Marx, Bischof Overbeck, Bischof Bode mit ihren Äußerungen große Hoffnungen wecken, die, wenn sie nicht erfüllt werden, eine noch größere Enttäuschung hervorrufen."

Also schweigen? Braucht es nicht die Mutmachenden? Die sich weit aus dem Fenster lehnen, damit die Sicht freier wird und die Hoffnungen größer?

Schließlich geht es nicht um Nebensächlichkeiten, es geht um Verletzungen, Demütigungen, Enttäuschungen, um Unrecht. Dass sich die deutschen Bischöfe in manchem uneins sind, kann doch nicht zu Lasten der einzelnen Gläubigen sein. Sie können nicht warten, bis die Friedenspfeife geraucht wird, bis alle das Gleiche sagen. Das werden sie nie – und haben sie nie.

Immer braucht es Kundschafter, Vorausgehende, die andere mitreißen. Darum hoffe ich, dass die offenen Wortmeldungen und Meinungsäußerungen in der Kirche noch zunehmen, dass der Respekt wächst, das Hören, das Miteinander-Reden. Bestenfalls immer aus der Sicht der Betroffenen, der Leidenden, der sich unrecht behandelt Fühlenden.

In diesem Sinn ist das Folgende zu lesen, als Sprachrohr für Menschen, die nicht mehr wissen, ob sie noch zur Kirche gehören und von ihr mit und in ihrem Leben wahrgenommen werden. Ich formuliere darum vieles persönlich, sicher auch ins Unreine, weil sich mir auch viele Fragen stellen, ich manches in der Kirche nicht verstehe und auch nicht als dem Evangelium gemäß empfinde. Und ich schreibe es in der starken Hoffnung, dass es vielen Mut zur persönlichen Stellungnahme macht und einer Kirche dient, die die Vielfalt liebt und natürlich den, auf den sie sich beruft.

Keineswegs möchte ich „meinen Arbeitgeber vorführen". Auch wenn mir das ein Theologieprofessor gerade besorgt schrieb und ergänzt, ich würde in den sozialen Netzwerken „zur Identifikationsfigur gegen den Apparat gemacht". Nein: So empfinde ich es nicht, und so möchte ich es nicht und so möchte ich es nicht verstanden wissen. Ich weiß zu schätzen, dass mein Arbeitgeber – es ist ja eine Arbeitgeberin: die Kirche … – viel mehr an freier Rede, an Auseinandersetzung und an Kritik zulässt als vor zehn Jahren, und ich weiß auch, wie gern ich im Raum von Kirche mit Menschen auf der Suche bin.

„Ich bin auch Zielgruppe und extra noch nicht ausgetreten ..., aber bin ambivalent ..., dabei könnte Kirche vielen helfen, stützen, präsent und vor allen Dingen echt sein", schreibt mir ein Freund. Das möchte ich – wie viele andere auch – versuchen.

Angesichts der bischöflichen Beteuerungen

Es ist dreißig Jahre her. Eugen Drewermann hält eine Vorlesungsreihe über sein Buch „Kleriker – Psychogramm eines Ideals". Der Vorlesungsraum ist voll. Viele hoffen, das sich was tut. Ein Dialog zustande kommt. Die Bischöfe zuhören. Im Hintergrund aber braut sich etwas ganz anderes zusammen – die Folge: der Entzug der Predigterlaubnis, des Lehrauftrages. Aufgehängt an so seltsamen Fragen wie der Jungfrauengeburt. Eine Frage, in der auch damals schon viele Exegeten das Gleiche sagten wie Drewermann, nur nicht in einer Weise, dass es vielen Menschen etwas zu sagen hatte. Seitdem wird dieser Mann in meinem Erzbistum totgeschwiegen. Die Bonifatius-Buchhandlung durfte daraufhin seine Bücher nicht mehr ins Schaufenster, hernach nicht mehr ins Regal stellen.

Dreißig Jahre später. Bischof Wilmer nennt Drewermann einen verkannten Propheten der Kirche. Und der Freiburger Fundamentaltheologe Magnus Striet legt zu: Hätte man sich vor dreißig Jahren mit seinem Kleriker-Buch beschäftigt, wäre das Ausmaß der Katastrophe um den sexuellen Missbrauch durch Priester geringer (https://www.deutschlandfunk.de/katholische-kirche-in-deutschland-nicht-geschafft-von-innen.886.de.html?dram:article_id=436973).

In den Zukunftsentwicklungen der Kirche wird vom Dialog gesprochen. Letztlich bedeutet es, die Gläubigen sollen den Karren Kirche aus dem Dreck ziehen, in den ihn klerikaler Machtmissbrauch und das Mundtot-Machen von Theologen geführt haben.

Dialog? Die Bistümer wussten es zu schätzen, das Recollectio-Haus in Münsterschwarzach zu haben. Dort schickten und schicken sie gern Priester hin mit Burnout-Erfahrungen, Zölibatsschwierigkeiten. Dort wussten und wissen sie sie gut aufgehoben. Nach wie vor gilt: Ein Priester, der sich verliebt, der das zugibt, der zugibt, seine Sexualität zu leben, muss gehen.

Also wird es nicht zugegeben, beim Bischof nicht, im Recollectio-Haus schon. Geschützt. Gut aufgehoben. Der ehemalige Leiter, Wunibald Müller, reflektiert seine Arbeit, bezieht Stellung, fordert jetzt wie schon früher ein Ende des Zölibats, eine neue Sichtweise auf die Homosexualität. Es geschieht nichts. Es verpufft. Es findet kein Gehör. Es perlt ab. Es macht die Herren nicht – zumindest nicht wahrnehmbar – betroffen. Sie spiritualisieren weiter herum, sagen, es sei ein großes Zeichen für das Himmelreich, wenn einer morgens und abends sein Brötchen allein isst. Das spüren die Menschen nämlich ... das macht ihren Glauben stärker.

Nein. Es treibt Menschen weg. Sie treten aus der Kirche aus. Sie spüren, dass sie machen können, was sie wollen – sie werden nicht gehört. Die ihnen zur Firmung eingeredete Mündigkeit kommt rasch an die Grenzen. Dann muss die Weltkirche herhalten, die Tradition, die Macht der Bischöfe.

Das System ist krank. Bischof Wilmer sagt es noch drastischer: In der DNA der Kirche steckt das Böse. Verständlich, dass manche aufschreien. Und man wird sich in der Bischofskonferenz heftig auseinandersetzen, keine eindeutige Lösung finden. Faktor Zeit? Noch zehn Jahre, noch vier Jahre, noch drei Jahre. Pensionierung?

Andere bereiten angeblich eine neue Papstwahl vor. Kann nicht mehr ganz lange dauern. Wer weiß. Und alles wird wieder anders. Dann dürfte ich das so nicht mehr schreiben. Härter durchgreifen. Hat doch lange funktioniert.

Und wer fragt nach Jesus? Wer schaut, wie *er* gelebt hat, wo *er* heute lebt?

Das ist *seine* Kirche? Ich kann die Frage nicht beantworten. Die kfd, die katholische Frauengemeinschaft Deutschlands, sagt Ende 2018: Macht Licht an. Richtig.

Lassen wir mal beiseite, dass das vor dreißig Jahren schon einmal jemand versucht hat, Licht anzumachen. Und vor zweitausend Jahren ganz prominent: Licht anzumachen. Die Finsternis hat es nicht ergriffen. Steht in der Bibel. Aber das Buch ist ja abgeschlossen. Das Kirchenbuch noch lange nicht. Jede und jeder schreibt mit. Wirklich? Oder werden Seiten eingeschwärzt?

Und jetzt?

„Und jetzt???", schreibt mir eine Dame. Der Pfarrgemeinderat hatte sich der Aktion der kfd Deutschlands ‚Macht Licht an' angeschlossen. Die vorbereiteten Texte wurden gelesen, Postkarten unterschrieben. Die Frau schreibt in ihrem Brief von ihrer Ratlosigkeit, davon, dass sie vor dreißig Jahren unter den Demonstranten für Eugen Drewermann war, dies als kirchliche Angestellte mit der Angst, gekündigt zu werden. Die Demonstration hat damals nichts gebracht, allenfalls Solidarität gezeigt. Immerhin. Dennoch kam, wogegen sie auf die Straße gegangen war: der Entzug der Lehrerlaubnis.

„Und jetzt???" Wie geht es weiter? Die Frage sitzt. Fast bekomme ich ein schlechtes Gewissen. Denn alles, was wir tun, hat Folgen. Wühlt Menschen auf. Und dann – lassen wir sie im Regen stehen?

Und jetzt? Was können wir tun, fragt die Frau. Wie kann es weitergehen?

Ich meine, es ist die Stunde der Bischöfe. Menschen in den Gemeinden haben viel diskutiert, Theologen haben fundierte Beiträge geschrieben. „Laien haben sich mit Dialogprozess etc. schon genügend zum Affen machen lassen", schreibt mir ein Mann, der in der Kirche ein Amt bekleidet. Leider kann ich dem nicht widersprechen. Wir haben von Gremien und Komitees und Prozessen genug. Überall werden sie angestoßen und erste und zweite und dritte Ergebnisse auf Hochglanzpapier gedruckt. Selten an den Lebensthemen von Menschen orientiert, eher an Strukturfragen, daran, welche Kirchengebäude gehalten werden und wie man an eine solche Frage, die die Aufgabe von Räumen betrifft, herangehen kann, was da alles zu beachten ist. Und ob die klassische Pfarrei eine aufgebbare oder eine unaufgebbare Sozialgestalt von Kirche ist.

Gerade deshalb: Es ist die Stunde der Bischöfe. An den Bischöfen ist es, Veränderungen zuzulassen, Veränderungen gutzuheißen und zu wollen. Kirche radikal neu zu denken. Vom Innersten her, von Christus her. Wenn das überhaupt geht. „Jesus verkündete das Himmelreich; was kam, war die Kirche", wird von dem 1940 verstorbenen Theologen Alfred Loisy überliefert. Selbst wenn man das Wort kritisch betrachtet, so führt es doch zu der unumgänglichen Frage, wie sich heute, im 21. Jahrhundert, Kirche leben lässt, die dem Geist Jesu zumindest nahe kommt.

Ich erinnere mich an ein Kurstreffen vor ungefähr fünfzehn Jahren. Ein Kollege ergriff das Wort und sagte: Der Priestermangel ist ein hausgemachtes Problem. Wenn man die Hälfte der Menschheit ausschließt, weil sie Frauen sind, und dann noch den Zölibat halten will, dann muss sich niemand wundern. Kirche geht daran zugrunde. Ich ergänze: Weder ist der Zölibat biblisch noch lässt sich das Nein zur Priesterweihe von Frauen unumstritten und eindeutig aus der Bibel herleiten oder begründen. Die Tradition hat es herausgebildet, aber die Tradition ist kein steinernes Gesetz.

Die Frage „Und jetzt?" bleibt. Sie erzählt auch davon, wie oft wohl Menschen nach Hause gegangen sind von Gesprächen, Diskussionen, Veranstaltungen mit der leisen Hoffnung: Das muss doch was bewirken. Das kann doch nicht an den Bistumsbehörden abprallen.

Ein Ergebnis ist der stumme Auszug, Kirchenaustritte, Verbitterung. Und wir lassen sie ziehen. Wobei „wir" nicht die Gemeinden sind, nicht die Pastoralteams, denn sie leiden mit, wissen dem nichts zu entgegnen. Stunde der Bischöfe.

Dialog und Kirche: ein Widerspruch?

Der Paderborner Erzbischof hat Anfang 2019 alle Haushalte im Erzbistum angeschrieben. Eine prima Idee, wie ich finde. Eine Einladung zum Dialog.

Ein Versuch, ein Zeichen an alle: Ihr seid mir nicht egal. Ich habe ein echtes Interesse.

Ich möchte auf den Inhalt des Briefes nicht eingehen. Ich habe eine Antwort an den Bischof geschrieben. Weil der Brief bei mir Fragen aufgeworfen hat. Vor allem wegen des Kirchenbegriffs. Aber da reden viele Bischöfe gleich. Sogar der Papst. Im Zusammenhang mit der Missbrauchsstudie reden sie davon, dass „die Kirche" Fehler gemacht hat.

Wer ist die Kirche? Meine Eltern zählen nicht zu den Tätern und sind Kirche gewesen ihr Leben lang. Und meine Großeltern auch nicht, und viele andere nicht.

Warum werden sie vereinnahmt? Das macht mich wütend. Ist es nicht möglich, sorgfältiger zu formulieren? Im Fall des Missbrauches ist nicht „die Kirche" ihrer Verantwortung vor Gott und den Menschen nicht gerecht geworden, sondern die Täter und jene, die die Taten verharmlost haben, und – wer weiß – auch jene, die aus Feigheit, aus Angst, aus Mutlosigkeit nichts dazu beigetragen haben oder dazu beitragen, dass den Missbrauch begünstigende Faktoren so gut wie möglich minimiert werden.

War es ein Fehler, meinen Antwortbrief auf Facebook zu posten? Ihn öffentlich zu machen? Das mache es dem Arbeitgeber schwer, darauf zu antworten, so kommentiert jemand meine Veröffentlichung.

Wie schade, wenn es so wäre. Ich wollte keinen Druck aufbauen. Ich wollte zum Dialog bewegen. Dass möglichst viele dem Bischof antworten, ungeschminkt, wie ihnen der Schnabel gewachsen ist. Denn das kann man bei dem Paderborner Bischof. Er kann menschlich sehr nahe sein. Angenehm, weil er Mensch geblieben ist.

Ich wollte, dass sie ihm schreiben, was sie fühlen, denken, nicht verstehen. Was sie anders sehen. Ihre Wünsche äußern. Ihr Unverständnis. Schließlich geht es um Inhalte.

Früher hieß es immer, es gebe das Prinzip „Teile und herrsche". Also vereinzeln, auch Themen individualisieren. Nichts bündeln. Nichts nachvollziehbar zusammentragen, nichts systematisieren. Im Grunde keine Transparenz. Eher ruhigstellen. Beschwichtigen. Relativieren. Denn dann erscheint der Handlungsbedarf geringer.

Gilt das noch im Jahr 2019?

Ich weigere mich, das zu glauben.

Ich habe eine Gesprächseinladung seitens des Bischofs bekommen. Und weil es ein Gespräch unter vier Augen sein soll, bleibt es auch dabei. Ich finde es gut, dass wir miteinander reden können.

Du darfst

„Ich selbst bin hier durch meine persönlichen Begegnungen und eine vertiefte Auseinandersetzung mit diesem Thema zu neuen Einsichten gekommen", schreibt Bischof Overbeck in seinem Hirtenwort an die Gemeinden im Bistum Essen Anfang Januar 2019.

Ein beachtliches Hirtenwort, das ganze, aber auch dieser zitierte Satz. Der Bischof schreibt ihn mit Blick auf die „negative Bewertung der Homosexualität" in der Kirche.

Ansichten und Einsichten können sich also ändern. Und man kann das zugeben. Das sollte selbstverständlich sein, ist es aber in der Kirche nicht.

Dennoch möchte ich einen Finger in die Wunde legen.

Ansichten und Bewertungen innerhalb der Kirche sind demnach abhängig von dem sich erweiternden Horizont einzelner (Bischöfe), von ihrem Dazulernen. Bis dahin gelten die alten Maßstäbe? Das heißt auch, Gläubige sind abhängig von den Begegnungen und Auseinandersetzungen, auf die die Bischöfe sich einlassen oder die sie willens sind, zuzulassen? Bis dahin finden sie kein Gehör, keine Beachtung? (Da stellt sich dann die Frage natürlich auch nach den Begegnungen mit Priesterfrauen, verheirateten Priestern und vielen anderen Gruppierungen.)

Was ist das für eine Theologie im Hintergrund? Spielt sie überhaupt noch eine Rolle? Und wovon ist sie abhängig?

Von der Begegnung mit den Menschen. Ganz klar – wovon sonst!? So wie der Schöpfergott jeden Tag wirksam ist, so ist er es auch als der sich Offenbarende, als der sich zu erkennen Gebende in der Wirklichkeit, die uns umgibt. Als Christen bezeugen wir sogar, dass wir am meisten von Gott verstehen an der Seite der Schwachen, der an den Rand Gestellten und Benachteiligten.

Fast könnte man meinen, wir lebten in der Zeit Jesu, der Zeit einer fest geordneten Theologie mit vielen Gesetzen. Und dann steht da urplötzlich ein Mann auf, der tiefe Einsichten mitbringt, die ihn barmherzig sein lassen: gegenüber der Ehebrecherin, gegenüber Sündern generell. Der es fertigbekommt, „Heiden" als Vorbild hinzustellen: den barmherzigen Samariter. Das Gespräch mit der Frau am Jakobsbrunnen: nie hätte es zustande kommen können.

Kirche bezeugt, dass dieser Mann gesiegt hat. Ob der Geist, der diesen Mann angetrieben hat, gesiegt hat, steht auf einem anderen Blatt. Denn dieser Geist greift die Gegenwart auf, dieser Geist lebt, dass der Mensch über dem Sabbat steht. (Vieles im Pontifikat von Papst Franziskus deutet darauf hin, dass er sich so die Kirche wünscht, aber …)

Schnell entwickelte sich ein urkirchliches Prinzip, mit dem man glaubt(e), das Wirken dieses Geistes erkennen zu können: Wahl und Abstimmung. Matthias wird zum Apostel gewählt. Konzilien entstehen. Aus Respekt, weil Einzelne irren können. Ausdruck des Ringens um den Weg, der dem Evangelium nahekommen soll.

Ich bin meine Frage bis heute nicht los: Hätte Jesus bei diesem Verständnis von Kirche überhaupt eine Chance gehabt? Hätte seine Stimme Gehör gefunden? Würden wir heute noch von ihm reden und leben? Hat nicht die „theologische Masse" befunden: Du irrst? Du darfst nicht mehr reden (und leben)?

Es gibt sogar ein prominentes Beispiel, das beschreibt, wie der Kreis der Jünger Jesus aufhalten will: Auf dem Weg nach Jerusalem sagt Jesus seinen Jüngern, dass er getötet werden wird. „Das soll Gott verhüten", sagt Petrus und will damit Jesus bremsen (für sich vereinnahmen). „Du hast nicht im Sinn, was Gott will, sondern was die Menschen wollen", antwortet Jesus. Schärfer noch: „Weg mit dir, Satan!"

Mehrheiten stehen nicht zwingend für die Wahrheit. Abstimmungen sind nicht automatisch vom Heiligen Geist gewirkt. Ich glaube, das bekommt man nicht zusammen. Es bleiben Widersprüche. Jesus lässt sich nicht vereinnahmen, auch von der kirchlichen Lehre nicht.

Was bedeutet das? Für mich bedeutet es, dass wir kein von den Menschen (Frauen! und Männern) isoliertes, abgehobenes Lehramt brauchen, aber ein menschennahes Leben von Gottesbeziehungen im Wissen darum, dass sich das Gute erweisen wird. Was sonst feiern wir Ostern als den Erweis des Guten?

Heute soll ich, was früher verboten war

Mehr als dreißig Jahre zurück. Zehntes Semester Theologiestudium. Wir waren ein großer Kurs. Zu der Zeit noch knapp vierzig. Es war irgendeine Semesterversammlung. Auf einmal entstand eine hitzige Diskussion. Wer ist zum Priester berufen? Hintergrund: Wir waren kein homogener Kurs, bis heute nicht. Es gab einige, die gingen gern samstags morgens um 8.15 Uhr in die Vorlesung von Eugen Drewermann. Zu denen gehörte ich. Es gab andere, die liebten die lateinischen Messen. Obwohl das jetzt nicht zwingend ein Gegensatz sein muss. Und es gab welche, die sich sehr zurückhielten.

Jedenfalls krachte es. Manchen wurde der Glaube abgesprochen. Die Berechtigung, auf dem Weg zum Priesterberuf zu sein. Weil man einfach zu glauben hat. Und zwar das, was die Institution vorgibt. (Heute lese ich bei Roger Lenaers, Der Traum des Königs Nebukadnezar: „Dass die Hierarchie über unfehlbare Lehrautorität aus der Höhe verfügt, ist eine Behauptung derselben Hierarchie, die sich für die Verlässlichkeit dieser Behauptung auf die Unfehlbarkeit ihrer Lehrautorität beruft.")

Manchmal fällt mir diese Semesterversammlung ein. Und mir fällt ein Wort der Bibel ein: Nicht Herren eures Glaubens sind wir, sondern Diener eurer Freude (2 Kor 24).

Was ist wohl mehr bei den Menschen angekommen? Der Dienst an der Freude oder das Beherrschen des Glaubens, das Glaubensmonopol? Zwar leisten wir uns eine eigene Wissenschaft, die Theologie, und in ihr wird gerungen, gestritten, aber letztlich entscheidet der Grad der Weihe über Glaubensrichtigkeiten. Und das in dem Maße, wie hoch der Grad der Weihe ist.

Ungefähr fünfundzwanzig Jahre später, also vor ungefähr sieben Jahren, wurde ich zu einem Gespräch beim Bischof eingeladen. Anlass war, dass ich bei der Verabschiedung des Geschäftsführers eines Krankenhauses dem evangelischen Kollegen die hl. Kommunion gereicht hatte. Und ich gebe zu, ich habe es bewusst getan. Weil ich um seine tiefe Gläubigkeit weiß, um seine Nähe zum katholischen Glaubensverständnis. Irgendwer musste mich angeschwärzt haben.

So ist das in der Kirche immer noch. Irgendwer schreibt – man erfährt nie, wer. Also fuhr ich zum Bischofshaus.

Ich habe den Besuch als kein schweigendes Darüber-Hinweggehen empfunden, und so wurde es ein Gespräch. Ich versuchte zu erklären, warum ich so gehandelt hatte. Sprach auch von den Altenheimen, in denen wir Eucharistie feiern. Dass es da gar nicht möglich ist zu fragen, wer von den Mitfeiernden katholisch oder evangelisch ist. Schon deshalb zu fragen nicht möglich ist, weil diese Frage teilweise nicht mehr verstanden würde, vom Intellekt her, vom alltäglichen Leben her vielleicht auch nicht. Das wäre ja nicht so öffentlich, war das Bedenken des Bischofs. Das würde kein Ärgernis erregen.

Ja, das ist die Formulierung in diesem Zusammenhang, die mir vertraut ist. – Wäre das Ärgernis nicht viel größer, wäre ich an dem evangelischen Kollegen vorbeigegangen?

Mir schoss durch den Kopf: Problem ist nicht, dass der evangelische Christ die Kommunion empfängt, sondern ob es Menschen mitbekommen, die sich daran stoßen oder stoßen könnten. Warum eigentlich daran stoßen? Weil er ein anderes Gesangbuch hat, wie man früher sagte? Weil er anders glaubt? Nicht an die Realpräsenz? Wer von den katholischen Christen kann das? Und selbst wenn es alle katholischen Christen könnten: Was haben wir für ein Eucharistieverständnis?

Leider konnte ich für mich diese Fragen in dem bischöflichen Gespräch nicht klären, ich finde sie immer noch zu wenig beantwortet, auch im Jahr 2019, ein Jahr nach dem Hin und Her der deutschen Bischöfe bezüglich des Kommunionempfangs für Paare in konfessionsverbindender Ehe. Eine Orientierungshilfe ermöglicht, was vorher nicht ging, wofür man – wenn man angeschwärzt wurde – abgestraft wurde. Oder wie es eine Kollegin, eine Gemeindereferentin, sagt: Wenn ich vor zwanzig Jahren jemanden beerdigt habe, durfte ich es nicht und wurde vorgeladen. Heute habe ich die bischöfliche Erlaubnis dazu.

Der Paderborner Bischof hat als Erster die Orientierungshilfe umgesetzt. Das Signal habe ich verstanden.

Kann Kirche sich entschuldigen?

Es dauert lange. Vielen zu lange.

Im Jahr 2018 geschah etwas. Und man kann das Gefühl haben, dass es nur durch Tricksen zustande kam. Tricksen, weil erste Ideen zurückgepfiffen wurden, Tricksen, weil die Kardinäle und Bischöfe mit unterschiedlichen Positionen unterwegs sind. Tricksen, weil Kardinal Marx geschickt eine Lösung gefunden hatte, indem ein Schriftstück einfach eine andere Bezeichnung bekam: Orientierungshilfe.

Denn so kann jeder Bischof für sein Bistum entscheiden, was zu der kuriosen Situation führt, dass man in dem einen Bistum Deutschlands etwas darf, was in einem anderen Bistum nur geduldet, vermutlich eher nicht gewollt scheint. Und das nicht in irgendeiner nebensächlichen Angelegenheit, sondern in einer die Herzmitte des katholischen Glaubens betreffenden Frage.

Endlich dürfen evangelische Menschen in einer konfessionsverbindenden Ehe auch zur Kommunion gehen. Nicht, dass sie das vorher nicht schon da und dort getan hätten, nicht, dass viele Gemeinden und Christen es gar nicht verstanden haben, warum dies nicht möglich sein sollte. Aber nun dürfen sie hochoffiziell. Zumindest in den meisten Bistümern. Natürlich ist das gut. Nur, wie kann man es erklären oder verstehen: Was gestern verboten war, mit Klimmzügen begründet, ist heute erlaubt!? Was gestern geduldet wurde, geschieht heute mit herzlicher Einladung!? Nicht, weil sich theologisch etwas geändert hätte, ich glaube eher, weil viele der Bischöfe selbst nicht mehr nachvollziehen konnten, was sie gelernt und gelehrt hatten, vertreten mussten. Gar nicht zu reden von den vielen Gläubigen.

Was ich mir gewünscht hätte: dass sich wenigstens einige hingestellt und gesagt hätten: Das hätten wir schon viel eher machen müssen. Und es tut uns wirklich leid, dass wir durch unsere bisherige Praxis Menschen verletzt haben, vielleicht sogar an der Praxis Jesu, am Geist des Evangeliums vorbeigeschlittert sind.

So ähnlich war das schon, als Papst Benedikt XVI. im Jahre 2007 (!) die sogenannte Vorhölle abschaffte. In der mittelalterlichen Vorstellung war der Limbus ein Ort, in den ungetaufte Säuglinge sowie gute Menschen, die vor Christi Geburt lebten, nach ihrem Tod kamen. Wohl fand diese Vorstellung nie Einlass in die offizielle Lehre der Kirche, aber man schleppte sie halt (gern?) mit. Es war ein Mittel der Angst, keine Frage, und erzeugte den Druck, die Kinder möglichst rasch taufen zu lassen. Was haben Eltern Ängste ausgestanden um ihre ungetauften Kinder, wenn diese plötzlich verstarben …

Ich habe bis heute kein Wort der Entschuldigung vernommen, dass man nicht viel eher diese unsinnige Vorstellung aus der Welt und aus dem Jenseits geschafft hat. Wieder gutmachen kann man die Höllenängste sowieso nicht.

Auch im Zusammenhang der Missbrauchsstudie zieht kaum einer der Bischöfe persönliche Konsequenzen. Man gesteht ein, dass aus heutiger Sicht vieles falsch gelaufen ist, wenn man Priester (Täter) einfach von A nach B versetzt habe. Dieses Eingeständnis fällt natürlich leichter, wenn sich keiner konkret dafür verantwortlich sieht oder die Verantwortlichen schon tot sind. In den Bistümern konnte bis vor etwas mehr als zehn Jahren eine solche Versetzung von A nach B nur durch Protest von Gläubigen vor Ort verhindert werden.

Ich frage mich: Geht Veränderung in der Kirche nur durch Druck von unten, nur durch eine breite Öffentlichkeit? Mitunter mag man den Eindruck gewinnen, dass die Gläubigen vor Ort da sind, um die Bischöfe zu „missionieren"; nicht umsonst heißt es an den verschiedensten Orten: Die Basis ist schon längst weiter …

Jemand schreibt mir eine SMS: „Das ist doch das, was an den Universitäten schon seit Jahrzehnten beklagt wird, dass über alle möglichen Veränderungen theologisch längst ausreichend reflektiert wurde, die Bischöfe aber nicht in der Lage sind, ihr Hörgerät einzuschalten. Es ist einfach immer noch die Angstsituation, die durch Johannes Paul II. und Benedikt XVI. in diese Kirche gebracht wurde." Mir dämmert mehr und mehr, warum unsere meisten theologischen Vorlesungen ausgesprochen langweilig waren: weil die Theologen sich nicht mehr trauten, kritische Themen anzusprechen und ihr Forschungsgebiet auf (aus lehramtlicher Sicht) belanglose Fragen verlegt hatten, in den Vorlesungen tatsächlich „nur" vorlasen, mitunter einfach seitenweise aus den Büchern und Kommentaren anderer Kollegen. Gebrochene Menschen? Oder am Stuhl klebende Menschen?

Wenn es stimmt, dass theologische Veränderungen längst ausreichend reflektiert sind, abrufbar für eine sich erneuernde Kirche: Worüber denken die Bischöfe nach? Und wie lange? Ende in Sicht? Oder warten sie (bewusst oder unbewusst) so lange, bis sich alles von selbst erledigt?

Kann Kirche sich entschuldigen? Natürlich kann sie, muss sie, damit nicht der Eindruck im Raum bleibt, es stehe keine wirkliche Einsicht und Überzeugung hinter (bischöflichen oder päpstlichen) Worten, wenn sie plötzlich anders klingen als vor einigen Jahren.

Allerdings stimmt auch: Sich entschuldigen für Vergangenes fällt in jedem Fall leichter, als Herausforderungen in der Gegenwart wirklich anzugehen, und zwar an der Seite der Betroffenen.

Will man erst in zehn oder zwanzig oder dreißig Jahren den Menschen, die nach einer Scheidung sich neu verliebt haben, sagen: Wir sehen jetzt klarer, dass eure Liebe einen Wert hat, auch einen Segen darstellt, dass sie auch unter Gottes Segen steht?

Will man erst in zehn oder zwanzig oder dreißig Jahren schwulen oder lesbischen Paaren sagen: Eure Beziehung ist viel wert, sie ist kostbar, sie liegt in der Schöpfung begründet, natürlich seid ihr ein Segen?

Will man erst in zehn oder zwanzig oder dreißig Jahren sagen, wir hätten theologische Forschungsergebnisse, gerade wenn sie sperrig zu lehramtlichen Aussagen stehen, stärker aufnehmen müssen? Auch und gerade, wenn sie biblische Worte aus ihrem historischen Kontext heraus erklären, heute aber ganz andere Kontexte unser Leben bestimmen?

Muss Kirche immer hinterherhinken? Und hinkt sie weniger hinterher in den Gemeinden als vielmehr in vielen offiziellen Verlautbarungen?

Fehler und Fehlen

Vergangene Fehler zu bekennen ist leicht. Weil die Einsicht durch zeitliche Abstände immer größer wird. Dann trauen wir uns eher zu sagen: Es tut mir leid. Da habe ich gefehlt. Eigentlich im Zusammenhang mit Versagen ein treffendes Wort: gefehlt zu haben, denn es heißt, sich selbst herausgehalten zu haben.

Mir kommt ein Gespräch in den Sinn: Dieser Tage erhielt ich (aufgrund eines Zeitungsartikels) einen Anruf aus dem süddeutschen Raum, bei dem es sehr stark um Fragen der Sexualmoral ging. Ein erwachsener Mensch, sicher weit über 60 Jahre alt, drückte seine Leiden und Höllenängste aus, die ihm beigebrachte Fixierung auf das sechste Gebot, wobei es hier im Telefongespräch nicht um Ehebruch ging, sondern um Selbstbefriedigung.

Es wurde ein langes Gespräch, das mich nicht loslässt. Ich merke, dass ich bestimmte Themen von mir aus nicht anspreche, und denke mir: Ist es nicht heute (m)ein Fehler, (m)ein Fehlen, Menschen in bestimmten Ängsten alleinzulassen und nur auf Anfrage zu erklären, wie Sichtweisen sich ändern oder zumindest einer Ergänzung bedürfen?

Jemand hat einmal gesagt: Wenn die Kirche erkennt, dass sie sich in der Vergangenheit geirrt hat, dann schweigt sie die Themen tot. Aber das Schweigen lässt Menschen im Unklaren und nimmt ihre Not in Kauf.

Ich habe dem Anrufer gesagt, dass etwas Sünde ist, wenn mich ein Verhalten von Gott entfernt und Schaden hervorruft oder wenn ich Gutes, das ich tun könnte, nicht tue. Dieser Maßstab gilt in allem.

Und ich habe gesagt, dass alles, was mit Genuss, Gefühl und Schönheit zusammenhängt, groß ist und ganz nah am Leben und dass es ein Maß braucht wie alles andere auch.

Ich weiß nicht, ob die Antwort, ob das Gespräch geholfen haben. Dieser mir unbekannten Person wünsche ich es von Herzen und allen, die sich mit solchen und ähnlichen Fragen quälen.

Schweigen ist eben kein Gold

Wir haben bischöfliche Visitation. Die Gremien sprechen an, was sie bewegt, wie sie ihren Glauben leben, wie sie als Kirche leben. Sie haben sich richtig vorbereitet, weil sie dachten: Da sind wir gefragt. Der Bischof möchte hören, was wir denken, was wir tun, was uns beschäftigt.

Irgendwann kommt zur Sprache, was es ihnen zunehmend schwerer macht in der Kirche. Dabei fällt das Wort Sexualmoral. Der Bischof versucht zu antworten: „Ich wüsste gar nicht, wann ich in den letzten dreißig Jahren darüber einmal gesprochen hätte." Und weiter: „Oftmals wird ein Ruf von Kirche transportiert, der nicht mehr stimmt."

Sollte das beschwichtigen? Ausdrücken: Kirche ist ja gar nicht so? Sollte das in die Richtung gehen, wie sie derzeit manche innerhalb der Kirche vorschlagen, wenn sie sagen: Die Kirche braucht so etwas wie ein heiliges Schweigen in den Fragen der Sexualmoral, fünf Jahre, zehn Jahre. Die Erde ist zu verbrannt.

Mir wird schlecht bei dem Gedanken. Ich weiß aus eigener Erfahrung, was Schweigen bedeutet. In meiner Kindheit wurde über Themen der Sexualität überhaupt nicht gesprochen. Irgendwann erfährt sich jede und jeder als sexuelles Wesen. Ich habe zu lesen begonnen. Weil mich ein Klima des Schweigens umgab.

Habe gedacht, ich stehe mit meinen Fragen und Gefühlen allein da. Aber es belastete mich. Ich wollte nichts falsch machen. Es entstanden regelrechte Höllenängste.

Es gab noch kein Internet. Was hatte ich? Den Beichtspiegel. Gerade kam auch das Nachfolgegesangbuch des sursum corda heraus, das Gotteslob. Wie schön, da hatte ich gleich zwei Beichtspiegel, aus verschiedenen Zeiten. Und ich kramte auf dem Dachboden, da gab es noch ältere Bücher, alles Gebetbücher, mit kirchlicher Imprimatur, mit kirchlicher Druckerlaubnis. Also nichts, was in irgendeiner Hinsicht extrem gewesen wäre, alles kirchlich abgesegnet. (Schließlich wollten es unsere Eltern richtig machen. Ich erinnere mich noch, wie ich mir als Jugendlicher eine Bibelübersetzung von Jörg Zink gekauft habe. Damals bekam unsere Oma die Krankenkommunion. Mutter nahm den Pfarrer mit auf mein Zimmer und zeigte ihm dieses Buch. Ob ich das lesen dürfe, war ihre Frage. Es mag manche geben, die das extrem finden, in den 70er Jahren des 20. Jahrhunderts aus der Zeit gefallen. Ich glaube es nicht. Ich finde es symptomatisch.)

Meine Angst wurde nicht geringer. Das Schweigen nahm nicht ab. Ich bin mir nicht sicher, ob ich diese Angst wirklich überwunden habe. Aus zahlreichen Beichtgesprächen weiß ich, was Menschen an Ängsten ausgestanden haben. Bis ins hohe Alter. Unüberwunden. Auch, weil sie ein eisiger Mantel des Schweigens umgibt.

Nur ein paar Fragen

Was wird sich in der katholischen Kirche ändern? Viele beschäftigt diese Frage – nicht nur in Deutschland.

In unserem Pastoralteam kamen viele Themen bei dieser Fragestellung zur Sprache. Gerade war die Herbstvollversammlung der deutschen Bischöfe, und man sah sie alle mit ihrer Mitra in die Kirche einziehen. Und wir fragten uns: Wie wird man(n) sensibel dafür, dass der Einzug von vielen, in besondere Gewänder gekleideten Männern nicht nur für eine reine Männerkirche steht, sondern irgendwie auch eine Demonstration von geballter Macht darstellt? Verstört das Bild eines solchen Auftritts nicht eher, zumal wenn man hernach im Jahr 2018 meines Wissens erstmals auch in der Bischofskonferenz von „klerikaler Macht" spricht, die in der Kirche viel Unheilvolles bewirkt hat? Gibt es keine Sensibilität dafür, dass diese Bilder eine andere Sprache sprechen als das Wort?

Wir brechen im Team die Frage auf uns herunter. Übt nicht auch jeder Predigende sonntags in der Kirche Macht aus durch seine Form der Verkündigung, in dem, was er sagt, was er nicht sagt, bewusst verschweigt, vielleicht auch, um niemanden zu verstören? Und wie gehen wir mit dieser Macht um bzw. wie gestehen wir sie uns ein und finden kritische Rückmeldungen?

Wird man darüber nachdenken, ob das vielfache Wegsehen bei klerikaler Gewalt oder sexuellen Übergriffen in der Vergangenheit auch damit zu tun haben könnte, dass die „Wegsehenden" selbst irgendetwas in ihrer Lebensführung haben könnten, weswegen sie innerhalb des kirchlichen Systems angreifbar sind?

Wird es möglich werden, offen darüber zu sprechen, warum die katholische Kirche gerade schwule Männer stark anzieht, wenn man bedenkt, dass sie sich zumindest bis vor kurzem in den Priesterseminaren nicht offen dazu bekennen durften, um nicht den Rausschmiss zu riskieren? Was bedeutet es, eigene Gedanken und Gefühle nicht äußern zu können, wenn sie gleich eine Bewertung erfahren?

(Während ich dies schreibe, zitiert katholisch.de den Freiburger Dogmatikprofessor Helmut Hoping: „Derzeit fordern einige Leiter von Priesterseminaren und auch zwei, drei Bischöfe, das Verbot der Weihe von homosexuellen Männern zu Priestern zu ignorieren bzw. aufzuheben – bei Beibehaltung des Zölibats." Das würde jedoch „zu nichts anderem führen als zu einer weiteren Homosexualisierung des Priesterklerus". Das alles überschattende Thema ist tatsächlich und unausweichlich der Zölibat.)

Wird man das „hausgemachte Problem" Zölibat ausräumen, das kaum eine(r) als Zeichen für das Himmelreich versteht? Wäre es nicht umgekehrt ein Zeichen für das Himmelreich, wenn partnerschaftliche Beziehungen lebbar sind? Und mit Blick auf den hl. Nikolaus von Flüe, dessen Gedenktag wir gerade zur Zeit der Herbstvollversammlung der deutschen Bischöfe im Jahr 2018 gefeiert haben, der Frau und Kinder verließ, um in eine einsame Klause zu ziehen und der heiliggesprochen wurde: Wird der Tag kommen, an dem Menschen für einen umgekehrten Lebensentwurf heiliggesprochen werden, weil sie den Priester- oder Ordensstand verlassen, eine Familie gründen und neu und verlässlich ihre Frau, ihren Mann stehen?

Wird man bei den vielen Fragen Frauen beteiligen? Wird man noch einmal über das Nein auf die Frage von Christiane Florin bei der Pressekonferenz zur Vorstellung der Missbrauchsstudie nachdenken, als sie fragte, ob unter den mehr als sechzig versammelten Bischöfen einer oder zwei sagen: Ich habe so viel persönliche Schuld auf mich geladen, ich kann mein Amt nicht mehr wahrnehmen? Was wird sich wirklich ändern?

Ihr seid ein Segen!

Wohlwollende Aussagen zur Homosexualität und zur Segnung gleichgeschlechtlicher Paare hatten dazu geführt, dass es seitens des Vatikans eine große Verzögerung für die inzwischen ausgesprochene Unbedenklichkeitserklärung („Nihil Obstat") zur dritten Amtszeit des Jesuitenpaters Ansgar Wucherpfennig (Rektor der Theologisch-Philosophischen Fakultät in Frankfurt) gab. Der Ruf nach einem Widerruf seiner Positionen stand im Raum. Allerdings unterstützten und unterstützen die Pfarrer aus Frankfurt Pater Wucherpfennig ausdrücklich und erklärten ihre uneingeschränkte Solidarität, ebenso der Limburger Bischof Georg Bätzing sowie die Bistümer Osnabrück und Hildesheim.

Wie lange noch sind wir von einer (katholischen) Kirche entfernt, die zu lesbischen und schwulen Menschen sagt: Ihr seid ein Segen! Als Mensch, als Liebende, als Partnerinnen und Partner. Ihr seid in der Pflege, im Gesundheitssystem ein Segen, ohne euch hätten wir noch größere Probleme. Ihr seid ein Segen in der Kirche, denn ohne euch hätten wir tatsächlich Priestermangel (Experten schätzen, dass 50 Prozent der Priester schwul sind).

Ihr seid ein Segen, wenn ihr als Paar, als Liebende miteinander ins Leben geht, Verantwortung füreinander übernehmt. Ihr seid ein Segen, von Gott gesegnet. Und das feiern wir, das drücken wir aus. Wir als Kirche stehen hinter euch, wir haben lange genug Vorbehalte gehabt, nicht genug eure Perspektive geteilt, sind von wissenschaftlich und auch menschlich längst überholten Ansichten ausgegangen. Wir schämen uns dafür.

Schon Anfang 2018 sprach sich der Osnabrücker Bischof Bode dafür aus, über eine Segnung der Beziehung gleichgeschlechtlicher Menschen nachzudenken. Wie lange denken wir und wie lange wird es noch dauern, bis Enttäuschung und Resignation den Letzten sich abwenden lassen, weil er sich von der Kirche einfach nicht wahrgenommen, nicht verstanden, nicht akzeptiert (geschweige denn geschätzt) fühlt?

Im Zuge der Missbrauchsstudie wird gesagt, dass sich die Kirche zu wenig auf die Seite der Opfer gestellt hat. Selbstverständlich sind Schwule und Lesben keine Opfer, aber wie sehr ist es an der Zeit, dass Kirche auch an ihrer Seite steht. Gerade auch mit Blick auf Länder, in denen gesellschaftlich eine völlig andere Sicht auf Homosexualität vorherrscht bis hin zur Verfolgung. Kirche als Vorreiterin, Anwältin der Menschlichkeit.

Wir brauchen keine Kirche von oben herab, sondern eine, die aus der Sicht von Betroffenen, von Leidenden, von unrecht Behandelten sieht, spricht und handelt.

Lebenswirklichkeit und Lehre

„Sage ich: Die Wahrheit ist so und danach hat sich alles zu richten? Das kann sich nach einer Einbahnstraße anhören. Oder gibt es einen Dialog zwischen der Lebenswirklichkeit der Menschen und der Lehre, sodass sie sich entwickeln und vertiefen kann? Darüber sind wir Bischöfe unterschiedlicher Auffassung", so beschreibt Bischof Bode in einem Interview (auf katholisch.de am 16.01.2019) die Situation der deutschen Bischofskonferenz.

Nachvollziehbar, finde ich. Aber heißt das auch: Solange die Bischöfe unterschiedlicher Auffassung sind, gibt es keine Lösungen, keine Angebote? Wir reden ja nicht über irgendwelche Nebensächlichkeiten, wir reden nicht über neutrale Themen, wir haben Menschen im Blick, die heute leben, die heute glauben (möchten).

Bischof Bode stellt diese an sich grundsätzliche Frage in dem Zusammenhang, ob die kirchliche Auffassung von Sexualität vielleicht Fehlformen begünstigt, inwieweit Zölibat und sexuelle Verfehlungen zusammenhängen.

Wenn es um die Zölibatsfrage geht, habe ich mehr und mehr den Eindruck, dass es auch an Solidarität unter den Priestern mangelt. Immer sind Zölibatsschwierigkeiten das Problem des Einzelnen. Solange es

im Verborgenen bleibt, gibt es eine unausgesproche-
ne Großzügigkeit. Was, wenn all jene hörbar werden
könnten, die den Zölibat nicht halten, die in einer Beziehung leben oder mal „hier und da unterwegs" sind,
was, wenn sie dies nicht mehr verschweigen? Ich glaube, die (nur noch in bestimmten Etagen) geführte Diskussion um den Sinn und die Zeichenhaftigkeit des
Zölibates in Verbindung mit der Priesterweihe bekäme
nicht nur einen Riesenanschub, sie erledigte sich vielleicht von selbst.

Dialog zwischen „Lebenswirklichkeit und Lehre".
Eine Lehre, die die Lebenswirklichkeit nicht wahr-
und zur Kenntnis nimmt (möglicherweise auch, weil
sie immer noch aus Angst verschwiegen wird), wird
bedeutungslos. Sie hängt in der Luft. Sie „kommt
nicht an". Das gilt ebenso für die vielen anderen Themen. Seelsorger segnen natürlich homosexuelle Paare,
und sie segnen auch ihre Beziehung, ihre Liebe. Sie
tun es (wie ich aus Gesprächen mit befreundeten Priestern weiß) am Meer bei Sonnenaufgang, sie tun es in
den Räumen, in denen hernach weitergefeiert wird,
sie tun es in den Wohnungen, auf dem Schiff und an
allen denkbaren Orten. In der Kirche nicht. Weil es
da eine andere Öffentlichkeit mitbekommt? Trennen
wir nicht selbst Alltag und Sonntag, Leben und Kirche? Darf es nicht in den „heiligen Raum" dringen?
Weil wir es immer noch nicht mit Gott zusammenzu-
bringen vermögen?

Auch hier gilt: Erfährt ein Bischof davon, wird der
Priester zum Gespräch geladen, muss er sich rechtfer-

tigen, kann das Bischofshaus erst verlassen, wenn er verspricht, es nicht wieder zu tun oder „vorsichtig" zu sein. – Solange, bis die Bischöfe einheitlicher Auffassung sind? Ist Kirche für sich selbst da oder für die Menschen?

Scham

„Inmitten der Kirche berufst du Menschen, sich Christus zu weihen und mit ganzer Hingabe das Himmelreich zu suchen. In ihnen offenbarst du deinen Ratschluss, uns Menschen die ursprüngliche Heiligkeit neu zu schenken" – nicht nur beim Beten dieser Präfation in der hl. Messe komme ich ins Stottern, möchte am liebsten schweigen.

Was beten wir da angesichts der Wahrheiten, die die Missbrauchsstudie auf den Tisch legt? Wer ist nun berufen? Und wer offenbart was? Ich wage gar nicht, die Gedanken alle auszudenken, die ich bei dieser Präfation habe.

(Zeigt sich Berufung im sündenfreien Leben? Und diese „Ganzhingabe", ist sie Gnade oder Leistung? Wie empfinden Menschen dieses Gebet angesichts von Enttäuschung und Unverständnis?)

Zusammengefasst überwiegt bei mir das Gefühl: Das stimmt doch hinten und vorn nicht. Ich kann – nicht nur in diesen Tagen – nicht mehr hören, die Kirche sei Braut des Heiligen Geistes. Ich merke, wie fast jedes der Gebete im Messbuch, wie nahezu jeder Text mir schwer über die Lippen geht. Wir brauchen eine andere Sprache, Kirche nur Kirche der Sünder zu nennen ist zu schwach. Das wirkt ja fast entschuldigend, verharmlosend. Denn das passt immer – eine solche

Redewendung verändert keine Tagesordnung. Eher ist es der Versuch eines allgemeinen Rein-Waschens, um nicht konkret zu werden.

Dann denke ich auf einmal: Kirche muss gar nicht so viel über sich selbst reden, immer um sich selbst kreisen, wobei sie sich selbst in Situationen gebracht hat und bringt, die es dringlich erfordern, sich selbst und das eigene Verhalten so umfangreich wie möglich zu beleuchten. Wäre sie spätestens nach dem Zweiten Vatikanischen Konzil ihren eigenen Worten gefolgt, hätte von den Hoffnungen, Freuden, Sorgen und Ängsten der Menschen vornehmlich und eigentlich gesprochen, sich davon berühren und verändern lassen, ich glaube, wir stünden jetzt anders da. Glaubwürdiger. Verbindlicher.

Ich merke mehr und mehr angesichts des jetzt immer öfter angesprochenen Klerikalismus und der missbrauchten Macht, dass wir ein völlig neues Miteinander brauchen.

Kirche kann nicht mehr so gehen, dass nur einem (dem Priester, dem Bischof) ständig zugehört wird; auch im Gottesdienst muss die Stimme der vielen zu Wort kommen. In den Konferenzen, in den Bischofskonferenzen, in den Gottesdiensten: Es geht nicht mehr nur um den Einzug des (Gottes-)Mannes.

Die Weihe, das sehen wir und wissen wir theoretisch, schützt vor Irrtum und Versagen nicht. Darum braucht sie ein Korrektiv, mitunter kann schon die Lockerung des Zölibates helfen: ein Korrektiv durch eine Lebenspartnerin, einen Lebenspartner; das Machtproblem wäre geringer.

Und was mir einfach nicht in den Kopf will: Die Bischöfe nehmen erst jetzt wahr, was sie vorher nicht gewusst haben, sehen erst jetzt Zusammenhänge, die ihnen vorher nicht in den Sinn kamen? Wenn das stimmt: Was hat die „Amtsführung" so beeinträchtigt?

Die Scham ist unbeschreiblich über eine Institution, die in Fragen von Liebe und Sexualität so sehr ausgibt, zu wissen, was richtig ist, aber selbst weggesehen hat bei Verhaltensweisen, die nichts mit Liebe zu tun haben, sondern mit Verbrechen und Unreife.

Der Zölibat und die Macht

Kardinal Reinhard Marx will die Ehelosigkeit von Priestern auf den Prüfstand stellen. „Worte der Betroffenheit reichen nicht aus. Wir müssen handeln", so sagte er zu Beginn der Jugendsynode 2018 in Rom. Die Kirche müsse sich als Reaktion auf den Missbrauchsskandal in einer ehrlichen Diskussion vielen Fragen stellen. Dazu gehörten „Machtmissbrauch und Klerikalismus, Sexualität und Sexualmoral, Zölibat und Ausbildung der Priester". Wer wird daran beteiligt? In welchen Etagen wird man diskutieren?

Im Jahr 2018 ist ein Buch herausgekommen, Autor ist ein Priester aus dem Bistum Münster (Stefan Jürgens: Fromme Gefühle sind nicht genug). Darin ist (auf S. 61) zu lesen: „Wir ‚beschenken' die Gemeinden nicht mit dem Zölibat, den die meisten Christen gar nicht wollen, und ‚rauben' ihnen dafür die heilige Eucharistie, auf die alle Christen ein göttliches Recht haben."

Der Autor hält den Zölibat für eine der strukturellen Sünden der Kirche, „Anlass für Witze und die penetrante Neugier einiger Kanzelschwalben".

Wie soll man es anders sagen als: In den bislang geführten Debatten sind eine Menge an Fragen und Problemen nicht ernst genommen worden, man hat stattdessen für eine spirituelle Überhöhung gesorgt.

Und auf einmal wird deutlich, dass der Zölibat nicht nur eine Frage von ehelosem Leben ist, sondern ganz viel auch mit Macht zu tun hat: der Macht der Kirche über ihre Priester, mitunter auch mit der Macht von Gemeinden über ihre Priester, ganz zu schweigen vom Machtgehabe der Priester selbst.

Ob diese Lebensform neugierig auf das Himmelreich „macht", denn um des Himmelreiches willen wird sie ja begründet, ist durchaus eine Frage wert.

Im Buch Genesis lesen wir: „Es ist nicht gut, dass der Mensch allein bleibt." Und gleichzeitig haben wir den Schöpfungsbericht im Ohr, in dem Gott jeden Abend der sieben Schöpfungstage beendet mit dem Wort: „Gott sah, dass es gut war." Wie steht der Zölibat in diesem Kontext da? Könnte man ihn sogar als dem ursprünglichen Schöpfungsgedanken widersprechend empfinden?

Die Bischofskonferenz hat von einem Wendepunkt der Kirche gesprochen. Ich glaube, „die Basis" ist da schon viel weiter …

Dem Herrn gefallen oder seiner Frau: eine kritische Auseinandersetzung mit einer Sonntagslesung

Der Unverheiratete will dem Herrn gefallen, sorgt sich um die Sache des Herrn. Der Verheiratete sorgt sich um die Dinge der Welt, er will seiner Frau gefallen (1 Kor 7,32–35). Alle drei Jahre steht diese Lesung sonntags auf dem Plan. Es reizt mich, Sie zu fragen, ob Sie diese Sicht teilen, ob Sie mit diesen Worten etwas anfangen können, ob diese Apostelworte, diese Bibelworte für Sie hilfreich sind.

Ich verstehe nicht, warum sie in die sonntägliche Leseordnung aufgenommen sind. Ich teile diese Gegenüberstellung von Herrn oder Frau gefallen überhaupt nicht. Was für ein Weltbild ...

Nicht dass Sie mich jetzt falsch verstehen und meinen, mich zum Frühstück oder Abendbrot einladen zu müssen, wenn ich sage: Ich weiß auch nicht, was daran ein Zeichen für das Himmelreich sein soll, ob ich mir mein Frühstück allein oder nicht allein reinmümmle. Was machen wir mit solchen Worten? Sie zum Anlass nehmen, Dinge deutlich beim Namen zu nennen: Worte wie diese haben zur Abwertung ehelicher Gemeinschaft geführt, sie haben auch zu Geringschätzung von Sexualität geführt. Worte wie diese haben Stände begründet, von denen der eine besser, der andere schlechter erschien. Worte wie diese haben Menschen und menschliche Liebe in Konkurrenz zur Gottesliebe gesehen und diese Konkurrenz aufgebaut, sie haben bis heute zu einer Zölibatsverpflichtung für Priester beigetragen mit der Begründung, dass der Spagat zwischen Familie und Beruf kaum zu leisten sei und dass die zölibatäre Gottesbeziehung eine besondere sei.

Das Einzige, was für mich daran nachvollziehbar ist, ist, dass jede Gottesbeziehung eine besondere ist, eine einzigartige, eine herausfordernde, eine nicht immer einfach zu lebende.

Für mich passt nicht zusammen, dass Kirche einerseits die Familie wertschätzt und hochhält, andererseits dann doch von einigen verlangt, darauf zu verzichten. Und vornehmlich die zum Verzicht Gedrängten oder ihn in Kauf Nehmenden formulieren dann wiederum Ratschläge für die Familie, Ideale und Regeln.

Ist das nicht wahrhaftig ein extrem innerkirchliches Problem? Und zwar ein hausgemachtes? Eins, das Trennlinien zieht, das auseinanderzieht, was zusammengehört? Stellt das nicht sogar Fragen an das Menschenbild generell? Und noch vielmehr an Gott?

Sollte es für Gott von Belang sein, ob jemand in einer Beziehung lebt oder nicht? Oder sollte es nicht vielmehr von Belang sein, *wie* jemand diese Beziehung lebt? Wie sie oder er für den Herrn da ist – und wie das beides zusammengeht, Gott und Mensch, Gottes- und Nächstenliebe, Gottesbeziehung und Beziehung zum Menschen? Ist nicht gerade das auch Menschwerdung Gottes, dass er beides zusammenbringt: Gott und Mensch, Wort und Fleisch, Sache des Herrn und Dinge der Welt?

Manchmal wundere ich mich, was wir uns alles sagen lassen, was wir so hinnehmen, wegschweigen, nicht in Frage stellen …

Wäre nicht eine Überarbeitung der Leseordnung notwendig? Einmal weil insbesondere werktags oft schwere Texte vorgeschlagen sind, zum anderen ist es unmöglich, sonntags mit den beiden Lesungen und dem Evangelium (wie vorgesehen) „den Tisch des Wortes reich zu decken", wenn derartige Texte dabei sind. Sie zu erklären sprengt den Rahmen, zumal die angesprochene Thematik nun wirklich auch theologisch arg hinterfragbar ist. Schade, dass wir jetzt mit viel Aufwand die neuen Lektionare bekommen, ohne dass man sich Gedanken zur Leseordnung und zur Auswahl der Texte gemacht hat. Mein Eindruck, dass eine inhaltliche Auseinandersetzung gar nicht gewollt ist und die Praxisrelevanz kaum eine Rolle spielt, verstärkt sich.

Integrieren und sublimieren

Mir ist das bis heute nicht klar geworden. Während meiner Ausbildungszeit wurde kaum über den Zölibat gesprochen. Und über Sexualität auch nicht. Verstanden habe ich das nicht. Schließlich sollten wir ein Versprechen abgeben: neben der Armut (auch kaum diskutiert) und dem Gehorsam (der dagegen viel diskutiert wurde) den Zölibat. Aber Thema war er fast nie. Es fielen meist nur seltsame Formulierungen: Man müsse seine Sexualität integrieren. Wie? Eher Schweigen. Man müsse sie annehmen. Haha, witzelten manche, in die Hand nehmen hieße das. Aber in dem Sinn war es wohl auch nicht gemeint. Wobei, ich traue mich das kaum zu schreiben: Zölibat und Selbstbefriedigung war auch kein Thema in meiner Ausbildung. Dann fiel ganz schnell ein weiteres Wort: sublimieren.

Ich habe extra noch einmal nachgeschaut, was das heißt, sublimieren: etwas durch einen Veredelungsprozess auf eine höhere Stufe bringen. Also ist Sexualität eine niedrigere Stufe, die im Zölibat „veredelt" wird, indem sie nicht ausgelebt wird, weder mit anderen noch mit sich selbst? Ein Mann, der vor Jahren genau deswegen aus dem Kloster ausgetreten ist, erzählt mir, ihm sei von einem Mönch gesagt worden: Zölibatär leben schließt Selbstbefriedigung aus. Das kann man natürlich sagen. Aber dann bedarf es überzeugender

Gründe, einer Sprache, die nicht bewertet, und bestenfalls bedarf es auch der Vorbilder, die einladend und gewinnbringend diesen Lebensentwurf darstellen.

Ich kann mir nicht helfen: Die Rede vom Sublimieren empfinde ich als bewertend. Wie wirkt sie auf verheiratete Menschen? Sind sie folglich auf einer niedrigeren Stufe? Dem Himmelreich, auf das die Ehelosigkeit hinweisen soll, nicht so nahe? So zu denken wäre nicht nur eine Unterstellung, sondern eine Unverschämtheit. Und weitergedacht oder gefragt: Wir sind als Menschen geschaffen, wie wir sind. Frau oder Mann zu sein ist uns wesentlich. Was, wenn die Rede vom Sublimieren letztlich dazu führt, sich über das doch von Gott gewollte Frau- oder Mann-Sein zu erheben? Sozusagen der Schöpfung zu trotzen? Ist es nicht viel wichtiger und lebensbejahender, sich als sexuelles Wesen mit den entsprechenden Bedürfnissen anzunehmen und nach Wegen zu suchen, diese zu leben, ohne dass es die Würde des anderen verletzt?

Was die überzeugenden Lebensentwürfe von Menschen im verpflichtenden Zölibat angeht, habe ich den Verdacht, dass es so etwas wie Ersatzbefriedigungen gibt. Das kann eine Titelsucht sein, eine gewisse Karrieresucht, die Kleiderfrage (auch die liturgische) spielt eine Rolle, für manche ist es der Weinkonsum, ein übertriebener Essenskult, weite Reisen, ein kaum beschreibbares Gehabe. Klerikale Macht.

Wie auch immer: Warum halten wir dieses Thema weiter (künstlich) aufrecht? Es kostet Energie, es setzt keine Energie frei. Ich meine, wir vertun damit Zeit und Chancen, nicht nur Chancen auf mehr Priester, auch Chancen auf andere priesterliche Lebensentwürfe (in der katholischen Kirche), die es ja lange genug gab.

Die Kleiderfrage

Wir haben bischöfliche Visitation. Der Bischof erscheint in seiner Soutane mit rotem Besatz (roten Knöpfen, rot verbrämten Knopflöchern) und violettem Zingulum im Rathaus. Anschließend gehe ich mit ihm durch die Stadt zum Pfarrhaus. Er geht ziemlich schnell, so dass ich leicht zurückbleibend mitbekomme, wie Menschen hinter ihm herschauen. Nicht nur verwunderte Blicke, auch amüsierte, sogar fassungslose. Wir kommen auch an einer (in kirchlicher Trägerschaft befindlichen!) Schule vorbei. Es ist gerade Pause. Die Schülerinnen und Schüler nehmen uns wahr. Sobald der Bischof an ihnen vorbei ist, beginnt das Gekichere. Nicht unbedingt pubertäres Gekichere.

Die Stadt, in der ich lebe, ist keine Bischofsstadt. Eine derartige Bekleidung auf der Straße kennt kaum jemand. Vielleicht als Karnevalskostüm. Mehr nicht. Ehrlich gesagt: Ich verstehe all die Reaktionen. Aber genauso tun sie mir auch weh. Welches Bild geben wir als Kirche in der Öffentlichkeit ab? Woran erkennt man uns? An der Kleidung – und dann an einer solchen? Selbst in „geschlossenen Räumen", etwa bei Gottesdiensten zur Spendung der Firmung, versteht kaum einer der Mitfeiernden noch, warum der Bischof zu bestimmten Teilen des Gottesdienstes sich die Mitra auf- oder absetzen lässt und sein Pileolus (Scheitelkäppchen) auf- oder absetzt.

Mitunter, wenn das Internetportal katholisch.de zum Beispiel von Bischofsversammlungen berichtet, sieht man Vorschaubilder. Während ich diese Zeilen schreibe, ist folgendes Vorschaubild zu sehen: vier Bischöfe, von denen man im Grunde nur die Brust und die gefalteten Hände sieht: violette Soutane, Spitzenrochett, gefaltete Hände, Bischofskreuz. Wen ziehen solche Bilder an? – frage ich mich. Was drücken, was lösen sie aus? Herkömmliche Begründungen bedenkend, dass derartige Kleidung aufmerksam machen, auf der Straße signalisieren soll: Hier ist ein Mann der Kirche – und Kirche steht (natürlich?) für Christus, für christliches Leben, für ein mitunter dem Treiben der Welt ziemlich entgegengesetztes Leben –, finde ich bei einem 1932 geborenen katholischen Dogmatiker (Gottfried Bachl, in: Der schwierige Jesus, 1996, S. 56) ein „Phantasieexperiment", wie er es nennt, das mich nachdenklich macht. Er schreibt: „Wir sollten uns Jesus in den amtlichen Kleidern seiner Kirche vorstellen: Jesus als römischer Papst, im großen Ornat dieses Amtes, mit der Mitra, dem Hirtenstab, dem Fischerring am Finger … Jesus als Metropolit, als Ökumenischer Patriarch, als Superintendent, als Erzbischof, als Hausprälat, als Monsignore … Jesus als Titelträger: Hochwürden Jesus, seine Heiligkeit Jesus, seine … Eminenz, der Geistliche Rat Jesus. Ich gerate mit der Aufzählung dieser Möglichkeiten in die Nähe des Kabaretts."

Ich bin mir gar nicht sicher, ob diese Kleidung wirklich auf Christus hinzuweisen vermag oder ob sie nicht Selbstdarstellung einer bestimmten Sozialgestalt von Kirche ist, die in unserer Zeit nicht mehr nur museal herüberkommt, sondern kontraproduktiv, ja eben in die „Nähe des Kabaretts" rückt. Immerhin berufen wir uns auf einen, der seine Jünger ohne Vorratstasche losschickt, an den Füßen nur Sandalen, weil ihm wichtiger ist, was jemand *in* sich trägt, als das, was er *an* sich trägt. Ist es nicht bedeutsam, das, was in uns an Glaube, Hoffnung und Liebe wohnt, sichtbar zu machen? Ich glaube, da spielen Kleider keine Rolle. Da geht es ums „nackte!" Menschsein.

Die Zukunft im Blick

„Die Bischöfe sind alt", sagt mir ein Freund. Stimmt zwar nicht für jeden – aber was soll das auch heißen? Alter kann doch von Vorteil sein, gelassen machen. Weitsichtig. Erfahren. Oft sogar gütig und milde.

Ich fürchte, gemeint ist aber etwas anderes. Es soll heißen: Sie sind begrenzt. Unbeweglich geworden. Haben nicht mehr so die Energie. Können nicht über ihren Schatten springen. Das erwarte ich nicht. Ich kann auch nicht über meinen Schatten springen. Ich bin froh um Mitarbeitende im Pastoralteam, die jünger sind als ich. Die etwa die Denke der Jugendlichen, ihre Lebensweise eher verstehen als ich. Und diese Mitarbeitenden sind verantwortlich in ihrem Bereich. Ich unterstütze, wie sie agieren. Stelle mich hinter sie, auch wenn ich manches nicht verstehe, weil es mir fremd ist: die andere Sprache der Jüngeren, mitunter auch die Lebenseinstellung.

Haben die „älteren" Bischöfe solche Mitarbeitende nicht? Oder können sie sich nicht hinter sie stellen? Wollen sie nicht?

Ich kann nicht glauben, dass Altersstarrsinn eine Rolle spielt. Nicht in dieser zentralen leitenden Position.

Das vielstrapazierte Wort vom Dialog auf Augenhöhe gehört hierhin. Kirche der Zukunft muss von

Menschen gedacht und gestaltet werden, die diese Zukunft vor sich haben. Das macht es leidenschaftlicher. Ernster. Frischer. Die leitenden Gremien in den Pfarreien müssen jung sein oder jung geblieben. Die Zukunft im Blick haben. Nicht so sehr an das denken, was früher war, sondern sich nach dem richten und ausstrecken, was wachsen will, schon zum Vorschein kommt.

Nicht dass alt sein keinen Wert hat. Im Gegenteil. Wie oft können Großeltern ihren Enkeln viel mehr an Möglichkeiten einräumen als die eigenen Eltern – und wie gut und wertvoll ist es, dass es so ist.

Die Bischöfe sind alt. Soll das ein Appell sein, Mitleid zu haben? Ein Einsehen? Nicht zu viel zu erwarten? Ruhig zu sein? Sei leise, Opa schläft!? Bitte nicht stören!? Lass ihn, das versteht er nicht mehr!?

Ich will das nicht zu Ende denken – und ich will es auch nicht glauben.

Eine Zumutung

„Nicht alle doktrinellen, moralischen und pastoralen Diskussionen müssen durch ein lehramtliches Schreiben entschieden werden", schreibt Papst Franziskus in seinem Dokument „Amoris laetitia".

Damit werden verschiedene kulturelle Horizonte gewürdigt, damit wird der Weg der individuellen Seelsorge verstärkt. Es kann also nicht in allen Teilen der Weltkirche jede Frage gleich gestellt und beantwortet werden.

Eine Stärkung der Ortskirchen! Endlich. Ich finde das den einzig gangbaren Weg.

Dennoch: Nie werde ich eine Gruppenmesse vergessen, in der ein Mann nach der Kommunion in die Runde hinein sagte, warum er die hl. Kommunion nicht empfangen könne. Zwar hätten ihn der Gottesdienst und die Gemeinschaft sehr angesprochen, aber er sei geschieden und wieder verheiratet.

Ich stotterte mir zurecht, dass jede und jeder, der mit offener Hand und mit offenem Herzen dabei ist, nicht zurückgewiesen wird – oder so ähnlich. Darauf er: Das wisse er auch von den anderen Priestern in unserer Pfarrei, aber es könnte ja auch einer da sein, der dies völlig anders sehe …

Was wird dieser Mann, was werden Menschen in seiner Situation denken bei diesem Satz aus dem Dokument? Spielt es also in Zukunft eine noch größere Rolle, an welch einen Priester ich zufällig gelange? Oder werden die Bischofskonferenzen deutlicher?

Welch eine Herausforderung für Seelsorgerinnen und Seelsorger, für die sie Ausbildenden: den Blick auf den jeweiligen Menschen zu richten, sich an seinem Bedürfnis, seiner Not zu orientieren und natürlich an Jesus, der Sünder nicht verurteilt hat, wohl aber die Schriftgelehrten und Pharisäer, weil sie schwarzweiß dachten, weil für sie die Menschlichkeit Jesu gegen seine Göttlichkeit sprach.

Darüber hinaus wäre ja auch zu beleuchten, ob der Begriff Sünde generell in den Fragen von Scheidung und Wiederverheiratung zutrifft, ob er zutrifft in eheähnlichen Gemeinschaften.

Wie schreibt der Papst weiter: „Es geht darum, alle einzugliedern; man muss jedem Einzelnen helfen, seinen eigenen Weg zu finden, an der kirchlichen Gemeinschaft teilzuhaben, damit er sich als Empfänger einer ‚unverdienten bedingungslosen und gegenleistungsfreien' Barmherzigkeit empfindet. Niemand darf auf ewig verurteilt werden, denn das ist nicht die Logik des Evangeliums!" Daran kommt niemand vorbei.

Dürfen oder bedürftig?

Es gibt immer wiederkehrende Themen. Etwa das der Ehevorbereitung. Ich nehme an einer Konferenz teil. Wie können wir Menschen begleiten oder vorbereiten, die heiraten möchten?, ist die Frage. Eine redliche Frage. Liebe ist ein Segen, für die Liebenden und darüber hinaus, zumindest dann, wenn Menschen sich zu ihrer Partnerschaft bekennen können und sich nicht verstecken müssen oder als „schlechtere Christen" eingeordnet sehen müssen. Darum ist die Frage für eine Kirche, die begleiten will, unverzichtbar: Wie können wir Menschen vorbereiten, die heiraten möchten?

Aber halt! Die Frage lässt aufhorchen. So stellen wir sie uns ja in der Regel gar nicht. In der Praxis lautet sie eben nicht, wie wir Menschen begleiten können, die heiraten *möchten*, sondern wie wir die vorbereiten, die heiraten *dürfen*, die das Sakrament der Ehe empfangen dürfen. Das schränkt arg ein. Unser Denken kreist nicht um Menschen, die sich nach einer gescheiterten Ehe neu verlieben; es kreist nicht um Menschen, die sich zum gleichen Geschlecht hingezogen fühlen. Unser Augenmerk richtet sich eben nicht auf die Bittenden, auf jene, die sagen, wir bedürfen des Segens; es richtet sich auf die, bei denen einer Hochzeit aus kirchlicher Sicht nichts entgegensteht und die die Feier teilweise „mitnehmen", um eine schöne Kulisse zu haben.

Ich finde, dass wir damit die Liebe und die Partnerschaft an sich nicht wertschätzen. Ganz zu schweigen davon, dass wir zu den Lebenswirklichkeiten von vielen Menschen (40 Prozent?) nichts anderes zu sagen wissen als: Das geht (kirchenrechtlich) nicht. Selbst wenn man die Diskussion nicht führen will, warum manche Sätze aus der Bibel, etwa „Was Gott verbunden hat, das darf der Mensch nicht trennen", wörtlicher genommen werden als andere („Du sollst nicht schwören" zum Beispiel), muss es doch wertschätzende Wege und Segensfeiern geben für all jene, die den Anforderungen an die Sakramentalität der Ehe nicht genügen.

Aber ehrlich gesagt, komme ich auch hierbei ins Stocken: Anforderungen, um ein Sakrament zu empfangen … Mir fällt es schwer, dies mit dem Handeln Jesu in Verbindung zu bringen. Sein Blick, sein Erbarmen fanden keine Grenzen an einer definierten Rechtgläubigkeit, sein Erbarmen fand auch keine Grenze an der Religionszugehörigkeit der Menschen. Bedürftigkeit sprach ihn an. Seine Zuwendung war keine Belohnung für ein Leben ohne Brüche, genau umgekehrt: Seine Zuwendung galt gerade jenen, die (von den religiösen Führern) ausgegrenzt waren, schief angesehen von der Mehrheit.

„An keiner Not ging er vorüber", beten wir in einem unserer Hochgebete. Grenzenlose Tischgemeinschaft. Ein offenes Herz für alle. Das wäre Kirche. Meinen wir es ernst, wenn wir sagen: Die Sakramente knüpfen an den Lebenswirklichkeiten von Menschen an, sie sind ein Geschenk, gratis, sie schenken Kraft? Oder verwalten wir sie eher als belohnende Zutat, als unter bestimmten Umständen zu spenden möglich?

Ich habe einmal als einen Begründungsversuch für diese Praxis gelesen, dass sich Jesus zur Linderung der Not grenzenlos gesandt sah, dass aber etwa das „Letzte Abendmahl" nur dem engen Jüngerkreis gegolten hat. Mich überzeugt dieser Begründungsversuch, der den Empfängerkreis der Sakramente eingrenzen soll, nicht. Ausgerechnet beim „Letzten Abendmahl" glauben wir der Überlieferung nach, dass Jesus den Kelch reicht mit den Worten: Mein Blut, das für euch und für alle vergossen wird.

Selbst wenn man den offensichtlich wieder verworfenen Vorschlag von Papst Benedikt XVI., das Wort „alle" in der Eucharistiefeier durch „viele" biblisch korrekter wiederzugeben, aufgreift, so sind sich doch derselbe Papst und die Exegeten einig, dass das Blut Christi für alle Menschen vergossen ist zur Erlösung. Wenn dieser Kelch des Segens gefüllt ist mit dem Blut, das für alle vergossen wird, dann müssen auch alle davon trinken dürfen. Wenn schon real für alle, dann auch sakramental.

Ein biblischer Einwurf:
Pharisäer und Zöllner (Lk 18,9–14)

Nicht dass einer im Tempel steht, entscheidet, ob er Rettung findet, sondern wie er dasteht. Den Weg zum Tempel gehen beide: Pharisäer und Zöllner.

Unterschiedlich ist ihre Haltung: Der eine setzt auf sein eigenes Wirken und Tun, der andere setzt auf das Wirken und Tun Gottes. Der eine schaut auf andere Menschen herab, der andere schaut zu Gott hinauf. Der eine ist von seiner eigenen Gerechtigkeit überzeugt, der andere von seiner eigenen Fehlerhaftigkeit.

Eigentlich unmissverständlich – und doch scheint diese Beispielerzählung in ihrer Bedeutung untergegangen, so dass im 16. Jahrhundert die Erkenntnis Martin Luthers notwendig wurde, dass Gott es ist, der gerecht spricht und gerecht macht, nicht der Mensch; dass uns zuerst und zuletzt seine Zuwendung und Liebe ausmachen und nicht die eigene Leistung. Wir führen in unserem Leben vor Gott kein Guthabenkonto.

Was Jesus dem Pharisäer darüber hinaus ankreidet, ist sein verachtender Blick auf den Zöllner, mit dem er sich vergleicht. Ich muss mich mit meinem Leben und Sein nicht einordnen, mich besser oder schlechter fühlen, je nachdem, auf wen ich schaue. Entscheidend ist, wie Gott mich sieht.

Was ist das für eine trostvolle Geschichte: Vor Gott zählt die Einsicht in meine Defizite, nicht die Ansicht meiner guten Werke. Ich kann meinen Mangel ins Wort bringen, mein „zu wenig", mein Versagen, mein „zu kurz".

Gott ist der, der die Bedürftigkeit sieht. Von Anfang an nimmt Jesus in seinen Worten und in seinem Leben den Blickwinkel der Bedürftigen ein, an ihrer Seite steht er. So hat er Gott geglaubt und verkündigt, wenn er davon spricht, dass er neunundneunzig Schafe im Stich lässt, um das eine verlorene zu suchen; so hat er Gott geglaubt, wenn er das Gleichnis von den Arbeitern im Weinberg erfindet, in dem sich der Lohn nicht an der Leistung orientiert, sondern an der Bedürftigkeit.

Und Menschen haben sich daran gerieben und reiben sich bis heute daran und fragen: Zählt nicht, was ich tue? Hat es keine Bedeutung, ob ich Gutes versuche? Doch, es hat Bedeutung für alle, denen wir gut sind, aber es ist kein Tun für die eigene Größe oder Eitelkeit.

Offenbar fällt es uns schwer, uns vom Belohnungsdenken frei zu machen. Offenbar fällt es uns schwer, uns nicht mit anderen zu vergleichen. Umso wichtiger, dass es diese Beispielerzählung gibt, umso wichtiger, dass sie uns bewegt, hinzuschauen, wie wir uns selbst sehen und was bei Gott zählt.

Eine neue Sprache

Wir hätten und haben ganz andere Fragen, viel wichtigere. Lebensnahe. Für mich zählt dazu auch die liturgische Sprache, die Glaubenssprache.

Ein Beispiel: ein Trauergespräch, bei dem mir die Angehörigen über die Verstorbene sagen: Sie war keine gute Mutter.

Mit diesen Worten gehe ich zurück nach Hause, mache mir Gedanken, welch ein Bibeltext passen könnte, was ich bei der Trauerfeier sagen könnte. Wie man das so macht, und wie es zunehmend zur Herausforderung wird, passende Worte zu finden in einer Zeit, in der das Zuhausesein in überlieferten Worten und Gebeten immer weniger oder gar nicht mehr gegeben ist.

In der Trauerhalle und am Grab komme ich ins Stottern. Ich spreche ein Gebet, das vom Wiedersehen handelt. Wollen die Angehörigen das? – frage ich mich auf einmal.

In mir läuft ein inneres Kino ab. Wie leicht(fertig) spreche ich manches Gebet nach und mache mir keine Gedanken darüber, ob es den Menschen in dieser Situation etwas sagt und was es ihnen sagt.

Dann denke ich mir: Theologen, Liturgiker, Poeten, helft mir! Ich brauche euch. Eine neue Sprache, eine zeitgemäße. Ich brauche Sätze, Formulierungen, Bruchstücke, derer ich mich bedienen kann, weil sie nicht einfach naive Vorstellungen bedienen. Weil sie sich die Ewigkeit nicht als verlängerte oder endlose Zeit denken, als ein Schweben auf Wolke sieben. Weil sie zeitgemäß versuchen, Trost zu geben, und dem kritischen Denken im Jahr 2019 standhalten. Indem sie dieses Wort vom Wiedersehen ersetzen, anders formulieren. Versöhnlicher. Glaubwürdiger. Geerdeter.

Wie finden wir eine neue Glaubenssprache, die Altes nicht einfach nachplappert, die nicht mehr einer Zeit entstammt, in der die Erde eine Scheibe war und der Himmel ein Ort oben über den Wolken? Das muss doch gehen.

Unabhängig von diesem konkreten Beispiel frage ich mich oft bei Beisetzungen, wenn ich den – musikalisch tröstlichen – Gesang anstimme „Zum Paradies mögen Engel dich geleiten, die heiligen Märtyrer dich begrüßen …", wie das auf die engsten Angehörigen wirken mag: Die geliebte Ehefrau, den geliebten Ehemann, die vertrauen wir jetzt „wildfremden Märtyrern" an? Das ist meine liturgische Sprache in diesem so dichten, so nahen, so existentiellen Augenblick?

Wo seid ihr Sprachverliebten, ihr Dichter und Poeten, ihr Liturgiewissenschaftler? Schafft etwas Neues. Versucht nicht mehr länger, das Alte unablässig zu reproduzieren, redet zu Herzen. Komponiert, dichtet, was das Zeug hält, aber nah am Menschen, in Bildern, die heute sprechen und Wärme geben in den vielfältigen Situationen, die das Leben bietet.

Eine Sprache, die nicht länger versucht, wortgetreu aus dem Lateinischen zu übersetzen; eine Sprache vielmehr, die (wenigstens gleichzeitig) den Menschen „aufs Maul" schaut, sich an ihren Ängsten, Freuden, Hoffnungen und Zweifeln orientiert. Gebete als Sprache für die Menschen, weil sie merken: Hier komme ich vor, hier werde ich verstanden, hier nimmt man mich auf. Hier werden mir mit den Gebeten nicht noch Glaubenssätze eingetrichtert (in der „Sprache eines römischen Rhetors, eines mittelalterlichen Mönchs oder eines gegenreformatorischen Theologen", so Roger Lenaers in: Der Traum des Königs Nebukadnezar), sondern hier werden mein Ruf nach Gott, mein Aufschrei, mein „o Gott" aufgegriffen. Und dies umso mehr, als man annehmen darf, dass gerade in den Gottesdiensten zur Beerdigung wie zur Spendung von Sakramenten immer mehr Menschen sich einfinden, denen die kirchliche Gebetssprache, vielleicht das Beten generell sehr fremd ist.

Eine menschennahe Theologie

Wo sind die Theologinnen und Theologen? Natürlich gibt es sie, die sich auseinandersetzen, Vorlesungen halten, Bücher schreiben, Lösungskonzepte auch in schwierigen theologischen Fragen entwickeln. Aber wie erfahre ich davon? Und wie erfährt die Frau auf der Straße davon, die mitreden möchte, die Anregungen braucht? Und wie verständlich sind die Auseinandersetzungen dann auch für nicht akademisch Gebildete? Die Seligpreisungen Jesu, das Hauptgebot der Gottes- und Nächstenliebe, ist ziemlich verständlich formuliert. Klar und deutlich.

Gilt das auch für theologische Abhandlungen, die sich etwa mit dem Wort „Was Gott verbunden hat, das darf der Mensch nicht trennen" in der Weise beschäftigen, dass Menschen nach einer gescheiterten Beziehung, wenn sie sich neu verlieben, etwas Trostvolles finden (und keine Verurteilung), etwas, das sie ernst nimmt und ihnen nicht den Eindruck vermittelt, die Bibel spricht mich schuldig? Weil sie spüren, dass gerade auch die Bibel einen bestimmten Kontext hat, nicht jede Situation von heute berücksichtigen kann und es Möglichkeiten gibt und geben kann, auch scheinbar eindeutige Bibelworte so zu verstehen und zu (be)leben, dass sie aufrichten und einen neuen Anfang ermöglichen? Eine Theologie für Menschen auf der Straße, nicht nur für Gelehrtenstuben und Vorlesungen.

Wenn ich die Szene im Johannesevangelium richtig verstehe, in der beschrieben wird, wie Menschen (Männer?) eine Frau zu Jesus schleppen, die des Ehebruchs schuldig war, auf frischer Tat ertappt, und wie Jesus mit dieser Frau umgeht, dann wirkt er auf mich als der Aufrichtende, der einen neuen Anfang ermöglicht, indem er eben nicht verurteilt. Das versteht jede und jeder.

Ich komme auf den Ruf nach Theologinnen und Theologen, die Menschennahes zu sagen haben, auch angesichts einer ziemlich speziellen oder auch gar nicht so speziellen Frage. Was ist unsere Haltung als Kirche zu Transgendern, Menschen, die sich im eigenen Körper nicht zuhause fühlen, die leiden und erst dann zu einem versöhnten Leben finden, wenn sie in der für sie passenden Geschlechterrolle leben?

Ich konstruiere eine Situation, die nicht unwahrscheinlich ist. Martin ringt sich nach jahrelanger Quälerei dazu durch, Martina zu werden, nimmt eine Geschlechtsumwandlung vor, wird bei den Ämtern ab einem bestimmten Datum als weiblich geführt. Martina (ehemals Martin) verliebt sich in einen Mann und möchte heiraten, bittet als Katholikin um die kirchliche Trauung. Oder Martina verliebt sich in eine Frau und bittet um eine kirchliche Trauung. Ich halte solche Situationen nicht für aus der Luft gegriffen, sondern für lebenswirklichkeitenorientiert. Und nun? Ich brauche eine gute und verständliche Theologie im

Hintergrund, eine, die sich am Menschen orientiert aus der Sicht der Leidenden, der Armen, der Bedürftigen, oder sagen wir es in diesem Zusammenhang: aus der Sicht der Bittenden spricht. So, dass es jede und jeder verstehen kann. Mir würde es helfen.

Angst

Manche Worte brennen sich ein, lassen einen nicht los. Und sie stellen vieles in Frage.

Frühjahr 2004: Unsere Mutter hatte eine schwere OP und keine rosige Diagnose. Mit achtundsechzig Jahren lag sie da, hilflos, eine alltäglich fromme Frau, die lebte, was sie glaubte, und sagte diesen einen, mich nie loslassenden Satz: „Lieber Gott, was hab ich bloß verbrochen." Dicke Tränen bei ihr. Heute noch Trauer und Wut bei mir.

Immer noch denke ich daran, wie sie wohl groß geworden ist, wie ganze Generationen groß geworden sind. Wie viel Angst war in ihnen, Höllenangst, Angst vor einem strafenden Gott.

Hat Kirche etwas dazu beigetragen, diese Angst zu mindern, sie in Vertrauen zu wandeln – oder hat sie von solchen Ängsten gelebt, sie geschürt, gar erzeugt?

In einem bin ich mir sicher: Sie hat davon gelebt. Sie hat darauf regelrecht bauen können, auf Menschen, die sich schuldig fühlten, mitunter schon dafür, dass sie atmen, Frau sind, Mann sind, das Bedürfnis nach einem glücklichen Leben haben.

Kirche hat sich an die Stelle Gottes gesetzt, wurde (?) zur Richterin, Anklägerin und zur Lossprecherin in einem. Eine diffuse Mischung, aber sie war der

Nährboden für die Angst und damit verbunden für die Macht der Kirche.

Unsere Mutter starb vier Wochen später. Mit einer solchen Angst groß gewordene Generationen sterben aus.

Stirbt Kirche damit auch? Offenbart sich hiermit, was sie jahrhundertelang lebendig hielt? Offenbart sich, was sie wirklich zu sagen hatte?

Wir werden sehen.

Gültig, aber unerlaubt?

Krankenkommunion im Altenheim. Ich betrete das Zimmer. Kaffeeduft strömt mir entgegen. Immerhin Kaffeeduft. Das kleingeschnittene Frühstücksbrot liegt da. Die ältere Dame braucht Zeit bei jeder Mahlzeit. Kein Einzelfall. Wir erzählen uns etwas, bevor wir beten – wie man das so macht und wie es menschlich ist –, bevor die Dame die hl. Kommunion empfängt, sozusagen zwischen Butterbrot und Kaffee und je nachdem, in welch einer Verfassung sie ist, das eine vom anderen für den Moment nicht mehr unterscheiden kann.

Ich werde nachdenklich. Hier geht, was sonst nicht sein soll. Alles unkompliziert. Gott mitten im Alltag. Niemand käme auf die Idee, etwa nach dem Nüchternheitsgebot zu fragen, niemand findet es unwürdig, wie es ist. Sind solche Feiern, solche Begegnungen die Ausnahme von der Regel – oder stellen sie nicht die Regel auch in Frage? Relativieren sie zumindest? Was in Ausnahmesituationen gilt und gut ist, ist als Regel schlecht? In medizinischen Fragen mag das gelten, aber wir reden doch bei Glauben und Gott und Eucharistie über etwas anderes.

Ich denke an eine andere Regel, ich glaube sogar Pflicht: Selbst ein laisierter Priester darf in lebensbedrohlichen Situationen die Sakramente spenden. Weil es, gemäß kirchlichem Sprachgebrauch, gültig ist. In der Ausnahme erlaubt, als Regel verboten. Ich kann das nicht erklären. Ich empfinde es als konstruiert. Allein diese Formulierung: unerlaubt, aber gültig. Gültig heißt doch, die Handlung hat mit Gott zu tun, sie „vermittelt" Heil, Gott bindet sich daran (so ist doch das Sakramentenverständnis). Und wer steht da als erlaubend? Die Kirche? Der Bischof? Wer steht da über wem?

Dazu ein biblischer Einwurf, Gedanken, die sich auf Mk 9,38–43.45.47–48 beziehen: Unmittelbar nach der Frage der Jünger, wer von ihnen wohl der größte sei, und Jesus ein Kind in ihre Mitte stellt, schließt sich eine Begebenheit an, in der es immer noch um die eigene Größe geht, wenn die Jünger zu Jesus sagen: „Wir haben gesehen, wie jemand in deinem Namen Dämonen austrieb; und wir versuchten, ihn daran zu hindern, weil er uns nicht nachfolgt."

Die Jünger sind offenkundig in Gefahr, sich selbst wichtiger zu nehmen als Jesus: Sie sagen nicht, wir versuchten, ihn daran zu hindern, weil er *dir* nicht nachfolgt; sie sagen, weil er *uns* nicht nachfolgt. Sie setzen sich damit selbst an die Stelle ihres eigenen Meisters: eine Versuchung, die in der Kirche immer wieder auflebt, wenn Buchstabentreue wichtiger wird als der Geist, der die Buchstaben formt; eine Versuchung, die in der Kirche immer wieder auflebt, wenn wir vorgeben, ganz genau zu wissen, was im Sinne Jesu ist. Und die Jünger sind in Gefahr, sich selbst wichtiger zu nehmen als die mit der Dämonenaustreibung verbundene

Heilung. Sie wollten verhindern, dass weitere Heilungen möglich sind, nur weil sie nicht mit ihnen in Verbindung gebracht werden. Und sie glauben, dass sich außerhalb ihres Kreises niemand auf Jesus zu berufen hat, sie möchten ihn exklusiv für sich.

Als hätte der Evangelist Markus die ganze Kirchengeschichte vorausgesehen, bis hin zu jenem – von Anfang an bis heute umstrittenen – Dogma der Allgemeinen Kirchenversammlung zu Florenz im 15. Jahrhundert, das in seiner Kurzfassung besagt: „Außerhalb der Kirche kein Heil."

Was unterscheidet diese Formulierung vom erwähnten Reden der Jünger? Ein derartiges Denken mit Jesus in Verbindung zu bringen finde ich kaum möglich. Gerade er brach mit religiösen Grenzziehungen, wenn er etwa im Gleichnis vom barmherzigen Samariter einen Menschen heidnischer Herkunft, in der Synagoge öffentlich verflucht, als Vorbild hinstellt.

Darum kommt auch ein ganz anderer Ton in dieses Gespräch. Während die Jünger über einen anderen Menschen sprechen, vielleicht sogar in der Hoffnung, Jesus möge ihn zurechtweisen, spricht Jesus die Jünger direkt an und fragt sie nach ihrem eigenen Verhalten. Hände, Füße, Augen: die Frage nach konkreten Taten. Was tust du, dass Menschen heiler und besser leben können? Wie berührst du andere, dass ihr Leben aufblüht? Wie gehst du mit anderen um, dass sie sich wohl- und geschätzt fühlen? Wie blickst du auf andere Menschen, damit sie sich angesehen fühlen und Ansehen bekommen?

Jesus lässt es nicht zu, dass andere Menschen bei ihm angeklagt werden; er kennt immer nur das direkte Gegenüber. Stark erkennbar wird es, als Menschen eine Ehebrecherin zu Jesus zerren, auf dass er sie verurteile und zur Steinigung freigebe. Statt vor versammelter Mannschaft ein Urteil zu fällen, spricht er die Beschuldigenden an und redet ihnen ins Gewissen: „Wer von euch ohne Sünde ist, werfe den ersten Stein."

Dieses Evangelium sagt mir: In wessen Namen Gutes geschieht, ist weniger wichtig, als dass überhaupt Gutes geschieht. Es ist nicht unsere Aufgabe, das Handeln Gottes durch Religion oder Konfession einzugrenzen. Die Zugehörigkeit zu Christus zeigt sich durch das Handeln in seinem Sinn. Glaube ist immer die Anfrage, was die eigenen Hände, Füße und Augen wahrnehmen und tun, damit das Gute und Lebensfördernde wächst.

Aussitzen geht nicht

Der öffentliche Druck lässt nach. Natürlich. Unsere Zeit ist schnelllebig. Nahezu täglich kommen neue Katastrophenmeldungen, über Klimawandel, politische Herausforderungen, das Problem der sozialen Gerechtigkeit und so vieles mehr.

Die Auseinandersetzung mit dem sexuellen Missbrauch von Kindern und Jugendlichen durch Priester und Ordensleute steht bei Frau Müller und Herrn Maier nicht jeden Tag auf der Tagesordnung. Ich hoffe nicht, dass es einen Spielraum ermöglicht, der darauf setzt, auf Zeit zu bauen gemäß dem Motto: Die Zeit ist eine geräuschlose Feile. Da muss man durch, am besten so, dass der eigene Kopf oben und unversehrt bleibt. Irgendwann lässt das öffentliche Interesse nach.

Das öffentliche Interesse lässt in der Tat nach, nicht weil das Empfinden für die Abscheulichkeit der Verbrechen sich ändern würde, wohl aber wenn der Eindruck entsteht: Es ändert sich nichts. Man redet sich heraus. Es hat keine Konsequenzen im System Kirche; das Problem wird auf Einzelne verlagert: die Täter, die Bischöfe, die offensichtlich darüber hinweggesehen haben. Was sollen die Gläubigen, die Menschen auf der Straße denn noch tun? Was sollen die Medien denn über das bisher Versuchte hinaus machen? Nicht jede Talkrunde kann sich diesen Themen widmen, aber innerkirchlich ist ein Hinübergehen zur Tagesordnung, zum „eigentlichen Auftrag der Kirche", wie mitunter gesagt wird, doch nicht möglich.

Ich hoffe, dass niemand in der Kirche denkt oder hofft, dass es möglich scheint, darüber hinwegzugehen, die Zeit arbeiten zu lassen, sich das abnehmende Interesse der Öffentlichkeit nutzbar zu machen.

Ich wünsche mir die Kirche nicht als eine, die sich von Skandal zu Skandal durchwurschtelt, ich wünsche mir eine „lernfähige" Kirche. Lernfähig, das Wort wird dieser Tage in innerkirchlichen Debatten in guter Absicht gern gebraucht; ich finde es allerdings noch zu schwach. Zumindest würde es bedeuten, dass sich die „Kirchenoberen" von den „Kirchenunteren" etwas sagen lassen, dass sie hören und handeln, dass sich die „Männerkirche" in den Bischofskonferenzen und Geistlichen Ratssitzungen etwas von Frauen sagen lässt, und zwar von Frauen, die sich nicht innerhalb des kirchlichen Systems brav eingliedern und im Grunde den Status quo stützen, sondern von Frauen, die kritisch sind, nichts zu verlieren haben, ohne Karriereabsichten, aber der Suche nach Wahrheit verpflichtet, im Geist Christi verbunden, mutig und unnachgiebig.

Die engsten Mitarbeitenden
in der Kirche schreien

Die engsten Mitarbeitenden in der Kirche schreien.
Lange haben sie geschwiegen. Ich auch. Haben treu
ihren Dienst getan. Redlich. Den Menschen Rede
und Antwort gestanden. Versucht, in kritischen Gesprächen klarzumachen, was Kirche ist und Amtskirche, was sich wohl aus dem Evangelium ableiten lässt
und was wohl eher lehramtliche Starre ist. Meistens
sind es Verletzungen (abgesehen von den harten Verbrechen durch Missbrauch): Einem geschieden Wie-
derverheirateten wird die Kommunion verweigert;
ein evangelischer Christ darf zwar Lektor im Gottesdienst sein, aber bekommt zur Kommunionspendung
ein „Kreuzchen" auf die Stirn; ein Schwuler wird von
oben bis unten abgemustert, als er nach einem Gottesdienst in die Sakristei kommt und sich als Lektor an-
bietet und der Pfarrer sich in die Ausrede flüchtet, er
habe derzeit genug Lektoren; ein lesbisches Paar, das
gerne eine Segensfeier anlässlich seiner standesamtli-
chen Hochzeit wünscht und dem Wunsch aus Angst
vor der bischöflichen Obrigkeit nicht nachgegangen
werden kann – immer versuchen Seelsorgende, Wunden zu verbinden, Dinge auseinanderzuhalten, im
Grunde zu sagen: Das eine ist der grenzenlos liebende Gott, der dich umfängt, das andere ist die Kirche,

die an manchen Stellen leider nicht dieser Gottesliebe Raum gibt.

An manchen Stellen? Bisweilen konnte man so denken, es sind Ausnahmen, je nachdem, an welch einen Seelsorgenden Menschen gelangen. Das stimmt zwar, dass es unter ihnen eine große Unterschiedlichkeit gibt, aber was muten wir den Menschen damit zu? Ein Schwuler, der 2014 seine Homosexualität bei fünf verschiedenen Beichtvätern beichtet (der Stern berichtete darüber), bekommt fünf verschiedene Antworten: Die Bandbreite reicht von der Todsünde bis hin zur Ermutigung, sich selbst anzunehmen und es als Gabe zu leben. Pech, an wen man gerät? Oder Dummheit, wen man sich als Gesprächspartner wählt? Müssten doch die Gläubigen selbst wissen, wie einzelne Seelsorgende ticken, so dass sie wissen könnten, wem sie sich anvertrauen.

Das wollen wir weiter und immer noch als Kirche? Da stimmt doch grundsätzlich etwas nicht – nicht nur an manchen Stellen …

Die engsten Mitarbeitenden in der Kirche schreien. Lange haben sie geschwiegen. Ich auch. Lange haben viele geglaubt, irgendwie geht es schon. Und die Angst war groß, nicht sagen zu können, was man denkt, die Angst um den Arbeitsplatz. Heute ist eine andere Angst viel größer: den eigenen Glauben zu verlieren angesichts einer eingefrorenen und unbarmherzigen Kirche, angesichts der anhaltenden Unbeweglichkeit, die Zeichen der Zeit zu erkennen. Glauben *trotz*, mitunter diametral entgegen der Kirche (aber was ist dann Kirche?). Solange ein Bischof (wie zuletzt Bischof Genn) es hinbekommt, zu behaupten, ohne den Zölibat hätten wir auch nicht mehr Priester, eine mindestens zweifelhafte Aussage, zumal in unserem Pastoralverbund in Hamm unter ca. 14.000 Katholiken mindestens drei Männer unter 50 Jahren den Gottesdienst mitfeiern, die wegen ihrer Hochzeit ihren Beruf aufgeben mussten, solange glaube ich nicht an Veränderung und auch nicht an die ernsthafte Bereitschaft dazu (beachtenswert dazu die Studie der Theologen Jochen Sautermeister und Albert Biesinger aus dem Jahr 2015, die ergab, dass sich knapp 30 Prozent der 479 befragten männlichen Theologiestudenten durchaus vorstellen könnten, das Priesteramt zu wählen, wenn es nicht den Zölibat gäbe, Deutschlandfunk, 10.04.2019). Immer weniger lassen sich für „dumm" verkaufen: Sie treten aus. Immer weniger lassen sich für dumm verkaufen: Sie wählen aus der Kirche aus, was sie für ihr Leben brauchen. Und gehen sonst ihren Weg, insbesondere in Fragen der Sexualmoral.

Deutliche Worte fanden die Referentinnen und Referenten am Studientag bei der Vollversammlung der deutschen Bischöfe im Frühjahr 2019. Aber wie lange wollen die Bischöfe noch (unter sich) nur reden, und das über Fragen, die schon vor 40 Jahren gestellt wurden, bekannt waren, die zu lange überhört wurden, wie sogar Kardinal Marx sagt? Manche haben die Befürchtung, dass der ins Auge gefasste „synodale Weg" vor allem Zeitgewinn und Hinhaltetaktik bedeutet, bis die Kritiker von selbst schweigen. Wie viele Briefe werden noch hin und her geschrieben? Kann noch Schlimmeres passieren?

Einer kommentierte: Was wäre, wenn die Frauen und die Schwulen, beide von der Kirche, wenn überhaupt, nur halb gewollt, in bestimmten Funktionen, mit großer Einschränkung und Beschneidung, sagten: Es reicht. Wir streiken zumindest. Hätten wir dann die „Männerkirche", die die Bischofskonferenz als Gremium darstellt, die man will? Nein, natürlich nicht, wird die Antwort sein. Aber wer glaubt sie wem? Oder darf man nicht alles so ernst nehmen?

Die engsten Mitarbeitenden in der Kirche schreien. Lange haben sie geschwiegen. Ich auch. Schreie wurden bislang unterdrückt, der Mund zugehalten: Nicht so laut. Müssen ja nicht alle hören. Kriegen wir schon hin.

Orientieren sich Seelsorgende an der Not, an der Bedürftigkeit von Menschen — oder gießen sie das Lehramt über sie aus? Kommunizieren sie mit ihrem Bischof die Not und Unsicherheit, die sie selber haben, oder sagen sie: Augen zu und durch? Und müssen sich Gläubige von der Amtskirche jede Erlaubnis für ein eigenes Leben und den Segen Gottes dazu mühsam abringen, darum feilschen?

Überall werden Fragen laut: Seelsorgende in Köln, die schon lange im Dienst der Kirche stehen, haben ebenfalls im Frühjahr 2019 ihren Mund aufgemacht, einen Brief geschrieben und in ihm zum Ausdruck gebracht, was sie in ihrer Arbeit erleben und dass sie sich einen wirklichen Dialog mit ihrem Kardinal wünschen (das Internetportal domradio berichtete davon im März 2019). Ich habe fast das Gefühl, die Bischöfe (zumindest viele von ihnen) verstehen die Not ihrer Mitarbeitenden nicht. Diese schreiben ja noch aus Liebe zur Kirche, zur eigenen Arbeit – und das trotz aller Enttäuschungen, trotz aller Enge, trotz aller Maßregelungen. Bislang hatte Kirche (nur) noch Macht über ihre Mitarbeitenden. Sie bricht. Und wahrhaftig: Gott sei Dank.

Mach etwas aus deinem Anderssein

Ich bekomme einen Filmtipp von einem mir wichtigen Menschen. „Marvin" heißt der Film, einer zum Antriggern. Ein Coming-out-Film mit vielen Denkanstößen.

Marvin Bijou heißt die Hauptfigur. Mit Mobbing und Gewalt in Schule und Familie erfährt Marvin die volle Härte der französischen Provinz. Als Teenager bewirbt er sich an einem Theater-Internat, bekommt die Zusage. Es beginnt eine Wiedergeburt mit neuem Namen. Marvin Bijou wird Martin Clement in Erinnerung an seine Lehrerin, die in ihm das Schauspieltalent entdeckt hat.

Eine starke Szene ist, als einer der Ausbildenden aus seinem Leben erzählt, wie er „Schwuchtel" genannt wurde, wie er Missachtung erfuhr, das Mauerblümchen war, einsam, isoliert, diskriminiert, für krank gehalten, immer fremd. Marvin schaut ihn mit großen Augen an, Tränen rinnen aus den Augen dessen, der als stiller, sensibler Junge von seinem eigenen Halbbruder die unmissverständliche Drohung bekam: „Ich bring dich um." Der Ausbilder hält inne und sagt zu Marvin: „Mach etwas aus deinem Anderssein!"

Dieses Wort trifft mich. Jeder ist anders, eine Persönlichkeit.

Will meine Kirche Persönlichkeiten? Sind sie ihr erträglich? Erleben wir nicht eher einen Einheitsbrei? Ist nicht gerade das Persönliche verloren gegangen?

Natürlich hat jedes Anderssein seine Grenze am Anderssein des anderen. Das ist klar. Aber was ist aus uns in der Kirche geworden? Aus den Idealen, aus den Begabungen? Wir schaffen große Räume, Priester werden zu Funktionären, zu Abziehbildern. Ein bisschen ist es sogar so gedacht: die gleiche Kleidung für alle, das gleiche Messbuch. Mir geht es nicht um Kritik daran, dass die hl. Messe überall relativ gleich gefeiert wird, das hat seinen Wert (aber einen absoluten?). Meine Frage ist, was sich entwickeln darf, was gehoben werden darf.

Marvin spielt auf der Bühne seinen eigenen Vater, seine Mutter, setzt in Szene, verarbeitet und wird neu, wird zu Martin, legt den alten Namen ab und lässt damit die Vergangenheit hinter sich. Denn er hat etwas erfahren: Es ist Platz für dich.

Das ist nicht unbedingt die Erfahrung von Menschen, wenn sie sich als Störfaktor empfinden, als nicht gewollt, als nicht verstanden, nicht gesehen, wenn sie beschnitten werden, weil sie Frau sind, weil sie eine farbige Haut haben, weil sie kleinwüchsig sind, eine Behinderung haben, weil sie aus der Reihe schlagen, anders sind, irgendwie schrullig, in Armut hineingeboren wurden, weil sie nicht gefördert werden, mit ihren Begabungen nicht erkannt.

Es ist Platz für dich.

Was für eine Chance für uns als Kirche: Menschen entdecken in ihrer Individualität. Ihr Anderssein fördern, sie ermutigen, sich zu entdecken, neu zu werden.

Ist das nicht Taufe? Als Kind Gottes adoptiert werden, endlich erfahren dürfen: Hier finde ich Platz, meinen Platz, hier darf ich sein, mich entfalten? Ich werde nicht beschnitten, ich bin niemandem im Weg, ich störe nicht. Nicht meine Herkunft entscheidet, nicht das, was war, sondern das, was ist. Und das, was ist, ist: Gott nimmt mich an und macht mich dadurch eigentlich erst richtig möglich: eine neue Geburt, in der Taufe neu geboren aus Wasser und Geist.

Das ist doch eine Botschaft, eine starke, wenn Kirche sie ernst nimmt für jede und jeden, auch und gerade ernst nimmt für das immer noch starke Potential ihrer Mitarbeitenden. Kein Reformplan der Kirche vermag so anzusprechen, keine Rede davon, was sein müsste und was einmal kommen wird. Glaubhaft ist nur, was mich persönlich anspricht. (Jesus erfährt bei seiner Taufe einen ihn persönlich ansprechenden Gott, einen ihn ansprechenden Himmel: Du bist mein geliebter Sohn. Ich find dich prima!).

Mir wurde nicht gesagt: Mach etwas aus deinem Anderssein, aus deiner Art zu glauben, zu fühlen, zu lieben. Und ich wüsste nicht, dass es einem in meiner Ausbildung gesagt wurde. Und die, denen es von anderen gesagt wurde, sind gegangen. „Es sind immer die Besten, die gehen", hieß es dann.

Und also werden Kanäle verstopft, es fließt nichts mehr, es kommt nichts in Bewegung, eine erstarrte Kirche, erstarrte, verharrende Priester. Eingefahren, beschränkt, gefangen. Ich schließe mich nicht aus.

Dann ist da so ein Film, eine Empfehlung, die etwas neu erschließt, sogar neu erschließt, was Taufe bedeuten kann und Kirche. Allerdings muss man dann nicht nur akzeptieren, sondern es auch wollen, dass die Familie Gottes keine heile ist, sondern dass zu ihr (nach Stefan Wahl in „… reiß die Himmel auf", 2013, S. 80) „Unauffällige und Schrille" gehören, „Musterfamilien und Beziehungschaoten, Heilige und Gauner, Asketen und Huren, Bankiers und Müllmänner, herzlich Fröhliche und abgrundtief Traurige, Glaubende und Zweifelnde".

Sieh niemals weg!

Und Kino kann noch mehr.

„Werk ohne Autor". Ein starker Film. Fast drei Stunden lang. Kurt hat eine schizophrene Tante, die hernach umgebracht wird. Drittes Reich. Die Tante sagt ihm einmal, als sie nackt Klavier spielt und Kurt plötzlich ins Zimmer kommt und sich beschämt abwenden will: Sieh niemals weg! Alles, was wahr ist, ist schön.

Das prägt sich ihm ein, sein ganzes Leben. Kunst wird für Kurt zum Mittel der Läuterung, er malt sich frei.

Sieh niemals weg. Kurt entwickelt seinen Kunststil, mühsam, nach langen Durststrecken, weil er genau hinsieht, auch Unschönes sieht. Schuld sieht, Hässliches.

Wieder denke ich: Wie konnte Kirche zur Pfarrfest feiernden Randerscheinung werden, fast unbedeutend, großartige Botschaften des Evangeliums in fünfundzwanzig Minuten Werktagsmesse verpackend, mit ständig gleicher Tonart, den ewig gleichen Liedern, leiernd, saft- und kraftlos, alt nicht im Sinn von weise, erfahren, lebenserfahren, großherzig, eher alt im Sinn von müde, beschränkt, dement, selbst pflegebedürftig?

Wer hat der Kirche, leider muss ich präzisieren, wer hat der Amtskirche das sehende Auge genommen, das Auge, das niemals wegsieht, das das Wahre sieht und seine Schönheit erkennt? Das auch das Hässliche sieht, ins Bild bringt, Klärung ermöglicht?

Folgerichtig hat Kirche auch aufgehört, Kunst zu schaffen, in der Kunst eine Rolle zu spielen. Kirchen sind Devotionalienräume geworden, überall das Gleiche in unterschiedlichen Größen und Materialien allenfalls. Es riecht gleich, es klingt gleich, es altert gleich. Gemütliche Räume, gepolsterte Kniebänke, rückwärts gewandte Kirchenrenovierungen.

Die vielen haben längst begriffen, dass sich das wahre Leben woanders abspielt, im Theater, auf der Straße, auf den Leinwänden im Kino. Man erwartet nichts mehr, wenn siebenundzwanzig oder sechzig violett gekleidete Männer bei den Bischofskonferenzen bestenfalls in den Nachrichten kurz über den Bildschirm ziehen, es wirkt lebensfern, außerirdisch. Wer nicht äußerlich weggeht, geht in die innere Emigration.

Dabei gab (oder gibt) es einen, der nicht weggesehen hat, der voll eingetaucht ist ins Leben, „Fresser und Säufer" genannt wurde, für „von Sinnen" gehalten von seiner Familie, der in kräftigen Worten gesprochen hat, schillernde Bilder gemalt in seinen Gleichnissen. Sollte dieser seinen Jüngerinnen (ich bin überzeugt, es gab und gibt sie) und Jüngern ein kirchliches Arbeitsrecht eingehämmert haben? Sollte dieser allen Ernstes Frauen nicht beauftragt haben, sie nicht genauso gerufen und berufen haben? Wäre das nicht sogar im Duktus dieses Mannes diskriminierend, missachtend gewesen, es nicht zu tun?

Sollte dieser nicht vielmehr allen gesagt haben: Seht nicht weg!? Schaut mit aller euch möglichen Aufmerksamkeit hin, greift auf, was ihr seht, lasst euch davon treffen, verändern, bewegen.

Ich wünsche mir die (Amts)Kirche als hinschauende Kirche, die sich treffen lässt, so wie sich Jesus von der Lanze der Menschheit mitten ins Herz hat treffen lassen. Man sagt, dieser Tod sei nicht das Ende gewesen, sondern ein Anfang, neues Leben sei geworden.

Glauben wir als Kirche eigentlich unseren eigenen Worten?

Die Kirchturmspitze wie ein Lippenstift – warum nicht?

Die Kirche ist ja eine Frau, weiblich,
und ab und an etwas Farbe stände ihr gut zu Gesicht.
Kirche muss schön sein, herausgeputzt.
Kirche muss fraulich sein – viel mehr als bislang,
und zwar wirklich Frau, weiblich,
nicht nur, indem Frauen in Berufe kommen,
die bislang Männern vorbehalten waren.
Vielmehr ein anderer Tonfall,
neue Register
in der Orgel der dominanten Männerregister.

Die Kirchturmspitze wie ein Lippenstift:
Der Fingerzeig zum Himmel,
das, was aus dem Alltäglichen herausragt,
muss schön sein, verlockend, reizvoll –
und Lust machen, Lust auf den Glauben,
Lust auf Kirche und Lust auf Gott.
In der Kirchensprache reden wir schließlich
von der beseligenden Gottesschau,
vom Hochzeitsmahl,
von der Braut und dem Bräutigam.
Eine Kirche, die auffallend schön ist für Gott
und schön für die Menschen.

Die Kirchturmspitze wie ein Lippenstift:
nicht zum Überschminken oder Wegretuschieren,
aber zum Hervorheben, zum Aufmerksam-Machen.
Eine Kirche, die hebt:
die Schönheit und Vielfalt des Lebens hebt,
die sie ins Wort bringt und würdigt,
ihnen Leuchtkraft verleiht –
und nicht argwöhnisch alles beäugt,
was nach Lust riecht, nach Leichtigkeit,
nach Freude.

Die Kirchturmspitze wie ein Lippenstift:
Zugegeben, etwas Rouge rettet die Kirche nicht.
Hier und da ein bisschen überdecken, übermalen,
das war lange genug.
Es entstellt vielmehr, verzerrt und macht hässlich.
Wer sich schminkt,
der reinigt sich vorher,
wäscht ab und lässt hinter sich.
Ein neuer Anfang.

Die Kirchturmspitze wie ein Lippenstift:
feuerrot.
Leidenschaftlich an der Seite aller Liebenden,
an der Seite aller Leidenden,
an der Seite aller Menschen,
indem sie ins Leben hilft,
hervorholt, was Gott in den Menschen hineinlegt,
auch wenn sie sich selbst dabei
in Frage gestellt sieht

und sich verändern, umkehren muss
zugunsten der „Zeichen der Zeit",
weil sie wie ein Baum
nicht nur von den Wurzeln (den Traditionen)
her leben kann,
sondern vom sie umgebenden Wind und dem Licht.

Die andere Wange hinhalten

Die Journalistin Christiane Florin, beim Deutschland-funk in der Redaktion „Religion und Gesellschaft" tätig, hat 2017 ein Buch unter dem Titel „Der Wei-beraufstand" herausgebracht. Darin beschäftigt sie sich mit der Frage nach der Priesterweihe für Frauen.

So auch bei einem Vortrag von ihr, den ich im Früh-jahr 2019 besuchte. An diesem Abend wurde mir klar, warum diese Frage erst in den vergangenen Jahrzehn-ten so massiv aufgekommen ist. Dazu muss man den gesellschaftlichen Kontext mitberücksichtigen: Wir haben erst vor Kurzem 100 Jahre Frauenwahlrecht in Deutschland gefeiert. Die Kirche musste also lange Zeit gar nicht begründen, warum sie sich nicht in der Lage sah, der Frauenpriesterweihe zuzustimmen: weil diese Frage gar nicht groß gestellt wurde und gesell-schaftlich auch keine Relevanz hatte – verständlicher-weise, wenn man bedenkt, dass in unserem Land noch bis 1958 ein Ehemann das Dienstverhältnis seiner Frau kündigen konnte.

Aber als die Frage nach dem Frauenpriestertum auch im Zuge der gesellschaftlichen Veränderungen immer stärker gestellt wurde, erfolgten all die Begründungen, die nicht richtig zu überzeugen vermögen: Jesus sei ein Mann gewesen. Jesus habe nur Männer als Apostel ge-rufen. Wollten wir es ganz einfach ausdrücken, dann

gibt es nur diesen einen einzigen Grund: Die Priesterweihe für Frauen gibt es nicht, weil sie Frauen sind.

Ich denke bei diesem Thema an einen Satz aus
dem Evangelium: „Dem, der dich auf die eine Wange
schlägt, halte auch die andere hin", und empfinde diese Argumentationen gegen das Frauenpriestertum als
Schläge. Sie haben darüber hinaus etwas Diskriminie-
rendes. Und ich frage mich, wie dieses Jesus-Wort vom
Hinhalten der anderen Wange lebbar ist, wenn man
zutiefst getroffen ist.

Dafür, wo wir Getroffene, wo wir Geschlagene
sind, lassen sich von uns allen sicher verschiedene Bei-
spiele anführen. Die andere Wange hinhalten? Nicht
zurückzuschlagen, als Geschlagene, als Verletzte nicht
zum gleichen Mittel zu greifen ist ja schon eine große
Herausforderung. Auge um Auge war die Maxime des
Alten Testaments, die menschlich verständlich ist, aber
von Jesus abgelöst wird, wenn er sagt: Richtet nicht,
verurteilt nicht. Die andere Wange hinhalten ist allerdings noch mehr.

In dem Vortrag wurde Christine Florin gefragt,
warum sie noch in der Kirche sei. Sie sprach von ihrer Beheimatung, auch von positiven Erfahrungen in
der Kirche und sagte dann: Ich glaube, innerhalb der
Kirche werde ich ernster genommen, kann eher etwas
verändern als von außen; und: Ich möchte unbequem
sein, meine Anfragen stellen, meinen Protest äußern.
Wenn alle Frauen gingen, alle, die sich von Kirche
nicht richtig wahrgenommen fühlen, gingen – viele
haben wir ja schon verloren, sind gegangen, ausgetre-

ten, ausgewichen, schweigen, suchen ihre Nische −: wer bliebe dann übrig? Wollen wir ernsthaft eine solche Kirche? Das Feld räumen, damit sich − ja was eigentlich breitmacht?

Natürlich sagte sie auch, dass manche Bischöfe so lebten, als könnten sie auch ohne Gläubige Bischof sein − dem kann man nur schwer widersprechen; aber das Wort von dem mitunter Widerständigen, das Wort vom Unbequemsein geht mir nach. Vielleicht ist es nichts anderes, als die andere Wange hinhalten, nämlich damit rechnen zu können, weiter geschlagen zu werden, getroffen zu werden, verletzt zu werden. Masochistisch?

„Dem, der dich auf die eine Wange schlägt, halte auch die andere hin", meint mehr: Nicht ausweichen, sich treffen lassen ist der Weg zur Veränderung, zum Frieden, zum Durchbrechen von ewig gleichen Kreisläufen. Daran − in der Tat − muss man glauben, ein mindestens genauso starker Glaubenssatz wie das Bekenntnis, an die Auferstehung der Toten zu glauben.

Nicht nur Ostern beginnt mit den Frauen (auch die Erneuerung der Kirche)

Gedanken zu Lk 24,1–12

Die Frauen haben das rechte Gespür
für den rechten Ort
und für den rechten Augenblick.
Ostern weiß davon ein Lied zu singen:
„Die Frauen kamen zu dem Ort,
erstaunt sah'n sie: Der Stein ist fort.
Ein Engel saß statt seiner dort."
Die Frauen wissen, was zu tun ist.
Auch vorher schon:
Die Sünderin, die Jesus die Füße salbt,
die Frauen, die ihn am Kreuzweg begleiten,
Veronika und all die anderen:
Sie reden nicht – sie handeln.
Anders die Männer:
Sie ziehen sich zurück,
sie scheinen unbeweglich, sie haben Angst –
und halten das Reden der Frauen
vom Engel am Grab für Geschwätz.
Sie halten sich für tonangebend,
für die nächsten Vertrauten Jesu.

Fast kann man sagen:
Das ist in unserer Kirche bis heute so geblieben.
Die Bischöfe als die Nachfolger der Apostel
sehen sich als tonangebend an,
und manches, was Frauen sagen,
wenn sie denn gehört werden,
wandert in die Schublade mit dem Etikett: Geschwätz.
Die Bischöfe reden lieber selbst
und begründen sich selbst –
und bei all dem kommt Ostern
bei vielen Menschen gar nicht mehr an.
Sie glauben nicht mehr daran.
Ob da ein innerer Zusammenhang besteht:
zwischen den nicht gehörten,
nicht wahrgenommenen Frauen
und dem schwindenden Osterglauben?

Auch wenn Papst Johannes Paul II.
die Frage nach der Priesterweihe von Frauen
für beendet erklärt hat,
ähnlich wie die Apostel das Leben Jesu
seit Karfreitag für beendet erklärt haben,
die Frage danach ist nicht verstummt,
und ebenso ist Jesus nicht verstummt.
Ostern eben!

Heute ist die Frauenfrage
der Schlüssel für die Glaubwürdigkeit der Kirche
und wird mehr und mehr
zur österlichen Herausforderung auf Leben und Tod.

Heute müssen wir sagen:
Nicht der *Zugang* von Frauen
zu den kirchlichen Diensten und Ämtern
ist begründungspflichtig,
sondern deren *Ausschluss.*
Biblisch vorhergesagt ist,
dass die Geschichte Jesu weitergeht,
sich weiterentwickelt,
wenn es im Evangelium nach Johannes heißt:
„Noch vieles habe ich euch zu sagen,
aber ihr könnt es jetzt nicht tragen.
Wenn aber jener kommt, der Geist der Wahrheit,
wird er euch in die ganze Wahrheit einführen."
Gehört das nicht zur *ganzen* Wahrheit,
dass auch in der Kirche die Frauen den Männern
in allem gleichgestellt sind?

Ostern beginnt,
wenn die Frauen tatsächlich
zu „Apostelinnen der Apostel" werden,
wenn das, was sie denken, reden und fühlen,
wenn das, was sie erleben,
nicht mehr für Geschwätz gehalten wird,
wenn die Männer ihnen Glauben schenken.
Petrus, der spätere erste Papst, tut es.
Er lässt sich zumindest bewegen und geht zum Grab.
Richtig einordnen kann er es aber nicht, was er sieht.
Ob wir uns in unserer Kirchenzeit
vielleicht genau in dieser Situation befinden?
In einem Prozess des Bewegens?

Manches deutet darauf hin.
Doch genau dazu braucht es die Frauen,
die den Aposteln auf die Füße treten,
die aufmerksam machen
und so die Osterbotschaft verkünden.

Theologinnen, Ordensoberinnen,
Menschen in den Gemeinden stehen auf.
Sie stehen am Grab der Kirche, am Grab Jesu –
und heute hören wir, dass sie Gesandte sind,
dass sie etwas zu sagen haben,
was bei den Männern, bei den Aposteln,
tatsächlich noch ankommen muss:
Er, Jesus, ist nicht hier.
Aber er ist da, wo alles begann –
und jetzt auf neue Weise beginnt,
nicht mehr gebunden an Raum und Zeit,
Frau und Mann,
Juden und Griechen,
denn in ihm sind alle eins.

Frauenfragen
nennt der 1958 geborene Priester Andreas Knapp
eines seiner Gedichte. Darin fragt er unter anderem:

wenn eine frau
das WORT geboren hat
warum sollten frauen dann
das wort nicht von der kanzel künden
wenn eine frau

für ihr zuhören gelobt wird
warum sollten frauen dann
das gelernte nicht auch lehren
wenn eine frau
den leib christi salben konnte
warum sollten frauen dann
nicht zum salbungsdienst befähigt sein
wenn eine frau
von jesus krüge voller wein erbitten konnte
warum sollten frauen dann
über einen kelch mit wein nicht auch
den segen sprechen
wenn eine frau
den jüngern als apostelin vorausging
warum sollten frauen dann
zur apostelnachfolge nicht auch gerufen sein.

Wer ist die Kirche Gottes?

„Gedenke deiner Kirche auf der ganzen Erde und vollende dein Volk in der Liebe, vereint mit unserem Papst N., unserem Bischof N.", und dann wird im zweiten Hochgebet der Messfeier die kirchliche Hierarchie bis hin zu allen, „die zum Dienst in der Kirche bestellt sind", heruntergebrochen. Seitdem Papst Benedikt XVI. die Diskussion um den Kirchenbegriff dahingehend geprägt hat, dass die Kirche im engeren Sinn nur die römisch-katholische sei (die „einzig wahre Kirche Christi", so seine Formulierung im Sommer 2007), gehen mir diese Worte in jeder Messfeier nur schwer über die Lippen. Schließlich beten wir diese Worte im Zusammenhang mit der Bitte des Volkes Gottes um Vollendung. Unabhängig von der Formulierung des Papstes Benedikt XVI. spricht dieser Teil des Hochgebetes die gleiche Sprache: Das Volk Gottes ist doch die Kirche (Gott ruft sein Volk zusammen – singen wir), Ecclesia bedeutet: die Herausgerufenen, die von Gott Gerufenen. Und die hernach aufgezählte kirchliche Hierarchie bestätigt den Eindruck, dass es sich hier vor allem um ein Gebet für die römisch-katholische Kirche handelt, als seien nur in ihr die von Gott Gerufenen und Bestellten.

Selbstverständlich bedarf die katholische Kirche des Gebetes, aber hier im Zusammenhang mit der Bitte um Vollendung, also in einem Gebet mit Ausblick auf die Ewigkeit nur den Blickwinkel der römisch-katholischen Kirche einzunehmen fällt mir schwer. Ich halte es sogar (auch theologisch) für falsch. Schließlich reden wir vom Himmel, vom ewigen Gastmahl, bei dem alle Platz haben. Zieht dieses Gebet nicht einen Riss durch die verschiedensten Gemeinschaften (in die konfessionsverbindende Ehe oder Familie, in Gemeinschaften wie Krankenhäuser und Senioreneinrichtungen, generell in die Gemeinschaft der Christen und Menschen)? (Es ist mehr als eine eigene Frage wert, was es bedeutet, wenn Glaubensgemeinschaften Regeln aufstellen, die menschliche Verbindungen beeinträchtigen, sich sozusagen dazwischenschieben.)

Und selbst wenn sich dieses Gebet mit einiger theologischer Finesse als nicht ausgrenzend deuten ließe: Wir beten es mit Menschen, die sich nicht mit höherer Theologie auseinandersetzen. Ganz abgesehen davon: Muss ein solch zentrales Gebet an so prominenter Stelle wie in der Eucharistiefeier nicht eindeutig – und verständlich für jede und jeden – alle im Blick haben?

Für die Kirche bin ich unverzichtbar

Wir sind gewohnt zu hören, dass Kirche jede und jeder ist. Die Taufe, der Empfang des Heiligen Geistes macht aus jedem Menschen einen Tempel Gottes. Er und sie! heißt nicht nur Christ, er und sie ist es. In diesem Zusammenhang fällt sogar das Wort der Repräsentation.

Bei Peter Kohlgraf, 2017 zum Bischof von Mainz ernannt, lese ich (in seinem Buch: Yves Congars Beitrag für eine glaubwürdige Kirche, 2015, S. 32): Congar, 1995 verstorben, Kardinal und Konzilstheologe, „kehrt diesen Blickwinkel um: Nicht der Einzelne richtet seinen Blick auf die Kirche, die er sein darf, sondern die Kirche als ecclesia nimmt den Einzelnen wahr, auf den sie nicht verzichten kann." Das spricht mich an. Das ist ein wirklicher Perspektivwechsel. Nicht mehr die Perspektive: Ich darf Kirchenmitglied sein, sondern: Für die Kirche bin ich unverzichtbar.

Unsere Realität ist: Wir lassen reihenweise laufen. Kirche verzichtet auf Menschen, auf Talente, auf Begabungen. Sie treten aus. Meistens nicht aus christlichen Beweggründen oder eben doch, je nachdem, wie man es sieht. Austrittsgründe sind menschliches Fehlverhalten, das Image der Kirche, bestimmte kirchliche Lehren und die Kirchensteuer. Die grundlegende Idee des Christentums – Geld ist nicht alles, Nächstenliebe ist konkretisierte Gottesliebe, Frieden durch Versöhnung, Würde des Menschen vom ersten bis zum letzten Atemzug, wertschätzender Umgang mit jeder und jedem – stellt niemand in Frage. Habe ich zumindest noch nicht erlebt (außer wenn Menschen, bestimmten [rechten] Kreisen zugehörig, gerade das Leben dieser Werte, etwa im Zusammenhang mit der Flüchtlingsthematik, ankreiden, in Frage stellen, lächerlich machen und sich dennoch gut aufgehoben wissen in der Kirche und im „christlichen Abendland").

Aber es gibt die, die gerade die genannten Werte in der Kirche schmerzlich vermissen. Und die dann irgendwann, wenn es einen Auslöser gibt (der Missbrauchsskandal, ein peinlicher Auftritt von Kirche durch einen Bischof oder in einer priesterlichen Amtshandlung), sagen: Es reicht. Vielleicht sogar sagen: Ich kann das mit meinem christlichen Glauben nicht mehr vereinbaren. Ich trete aus Glaubensgründen aus. Ich lebe, was ich vom Christsein verstanden habe, engagiere mich ehrenamtlich im Hospiz, in irgendeiner Suppenküche oder sonst wo.

Für die Kirche bin ich unverzichtbar. Eine andere Sprache ist das. Natürlich werden manche sagen: Muss Kirche jeder und jedem hinterherlaufen? Muss sie sich verbiegen? Nach dem Mund reden? Das kann man diskutieren. Aber in diese Diskussion gehört auch die Praxis Jesu, der neunundneunzig Schafe im Stich lässt, um dem einen verlorenen nachzulaufen. Es gehört sein Lebensbeispiel hinein, sein Kreuzestod, der mehr ist als nur ein Verbiegen.

Noch eine biblische Perspektive:
Mt 20,1–16a

Daran kann man sich stoßen. Dass alle den gleichen Lohn empfangen, die Arbeiter der ersten und der letzten Stunde. Es widerspricht unserem Gerechtigkeitssinn. Wenn wir von Lohn hören, erwarten wir, dass er im Verhältnis zur Leistung steht: Es wird vergolten, ein Ausgleich zwischen Leistung und Gegenleistung angestrebt.

Dieses Denken ist uns auch in unserem Glauben nicht fremd, zumal andere Gleichnisse auch davon sprechen, dass dem Menschen nach seinen Taten vergolten wird, etwa im Gleichnis vom großen Weltgericht, in dem Schafe und Böcke voneinander geschieden werden und diejenigen eine Bleibe in Gott finden, die Werke der Barmherzigkeit vollbracht haben.

Hier aber hören wir es anders: Der Gutsbesitzer verspricht und gibt allen den gleichen Lohn.

Werfen wir einen anderen Blick auf das Gleichnis, zunächst einen auf den Gutsbesitzer, von dem wir annehmen dürfen, dass Jesus mit ihm Gott meint.

Der Arbeit gebende Gutsbesitzer ist unermüdlich unterwegs; natürlich bewegt ihn seine Ernte im Weinberg, aber mindestens genauso – und wahrscheinlich noch mehr – bewegen ihn die Arbeiter selbst. Er ist an allen interessiert, er will jedem eine Chance geben, auch den Letzten. Sein Einsatz ist grenzenlos. Und wenn Arbeit auch ein Gefühl von Sinn vermittelt, dann dürfen wir durchaus sagen: Gott möchte jedem Menschen in seinem Leben zu Sinn verhelfen.

Ein weiterer Blick auf die Arbeiter, die zuletzt angeworben wurden. Diejenigen, die murren, weil sie mehr Lohn erwartet haben, setzen voraus, dass die später Dazugestoßenen zu bequem waren und es an ihnen lag, dass sie erst so spät Arbeit bekamen. Schauen wir genau hin, steht da jedoch: „Niemand hat uns angeworben!" Der Blick der Murrenden ist ein rein egoistischer; sie sehen das sinnlose und leere Leben der Arbeiter der letzten Stunde nicht, sie sehen ihre eigene Leistung und damit sich selbst.

Übrigens auch eine Haltung, die sich in unseren Glauben eingeschlichen hat: der eingegrenzte Blick nur auf das eigene Seelenheil, auf die Ausübung und Ernährung des eigenen Glaubenslebens, bei dem alle anderen im „toten Winkel" sind.

Und damit sind wir automatisch bei den Arbeitern der ersten Stunde gelandet, bei denen, die sich den ganzen Tag, ihr ganzes Leben abmühen. Offensichtlich haben sie nicht im Blick, was der Gutsbesitzer verspricht, sondern was sie selbst tun. Und um ein Gefühl für das eigene Tun zu bekommen, vergleichen sie und wägen sich verdienstvoller.

Vergleiche führen immer ins Unheilvolle …

Wem erzählt Jesus dieses Gleichnis? Er erzählt es allen, die einen Tag der Abrechnung erwarten, der sie selbst gutheißt und in Abgrenzung dazu andere nicht gutheißt;

er erzählt es denen, die sich ernsthaft mühen und arbeiten, aber dabei all jene nicht im Blick haben, die genauso auf Güte und Sinn angewiesen sind wie sie selbst.

Bei Gott gibt es keine Verlierer, nur Gewinner – legt dieses Gleichnis nahe, dafür ist er in Jesus unermüdlich unterwegs und möchte es auch in jedem von uns sein.

Kirche

Ich kann nicht allein.
Ich brauche Anregungen. Ideen. Impulse.
Ich brauche Gewagtes.
In der Kirche?
Wo denn sonst.
Kirche war mal mutig. Stark.
Die ersten Krankenhäuser.
Chrisam für alle in der Taufe:
Jede und jeder ist ein König.
Voll von Gnaden. Wie Maria.
Beschenkt. Großartig. Einzigartig.
Nur einem verantwortlich.
Dem einen König, Christus.
Ein Plädoyer gegen weltliche Herrscher.
Ein Aufstand. Ein Schrei.
Unbequem.
Das war mal Kirche.
Kraftvoll. Veränderungsbereit.
Die Alten hatten Träume …
Da flogen die Fetzen.
Tempelaustreibung.
Frauen: kein Problem.
Ganz nah an Jesus.
Heute schreien manche auf,
wenn der Papst an Gründonnerstag

Frauen die Füße wäscht
oder Andersgläubigen.
Welch eine Selbstverständlichkeit muss das sein.
War es in den Anfängen.
Weite. Beten in Geist und Wahrheit.
Brot brechen. Brot, keine Oblaten.
Und Wein für jede und jeden.
Ganz viel Wasser bei der Taufe, nicht nur drei Tropfen.
Da wird mir warm ums Herz,
das regt mich an.
Da fließt was.
Da werde ich wach.

Un-verschämt

Ich möchte endlich un-verschämt katholisch sein,
stolz darauf, zu einer Kirche zu gehören,
die sich nichts und niemandem verschließt;
die offen ist für jede und jeden,
die nicht verurteilt, ausgrenzt, ausschließt.

Ich möchte endlich un-verschämt katholisch sein,
weil es für alle augenscheinlich wird:
Diese Kirche,
zusammen mit allen christlichen Kirchen,
orientiert sich an Jesus,
an seiner Liebe zu allen,
an seiner Menschenfreundlichkeit.
Sie weiß nicht alles besser,
sie verteidigt nicht als Erstes eine richtige Lehre,
sondern sie tritt für ein richtiges Leben ein.
Sie dient tatsächlich
der Vermenschlichung des Menschen,
fördert die freie Rede,
in ihr muss sich niemand
wegen irgendetwas verstecken
oder verleugnen,
auch der nicht,
der sich mit großer Schuld beladen weiß.
Sie lässt niemanden im Regen stehen,

kämpft entschieden für die Rechte aller Menschen,
für Gerechtigkeit
und erfindet und entwickelt Konzepte
zur Schonung unseres Planeten.

Ich möchte endlich un-verschämt katholisch sein,
weil diese Gemeinschaft sich nicht
von anderen Religionen weiter abgrenzt,
indem sie auch darin dem Beispiel Jesu folgt,
der – zwar selbst Jude –
keine Berührungsängste mit „Heiden" hatte,
und die darum sagt und lebt:
Egal, ob ihr freitags in eine Moschee,
samstags in eine Synagoge,
sonntags in eine Kirche
oder auch nirgendwohin geht:
Gott lebt da auf, wo Menschen einander beistehen,
Hoffnung vermitteln,
Talente entdecken,
Armut bekämpfen,
Einsamkeit mittragen,
Tränen trocknen,
Licht verbreiten,
die Dunkelheit
von kranken und gebrechlichen Menschen aufhellen.

Ich möchte endlich un-verschämt katholisch sein,
weil diese Kirche die Neugier auf Jesus weckt,
ohne die abzuwerten,
die mit Jesus nichts anfangen können,

weil sie die Lust am Leben fördert
und glaubhaft
an der Seite eines jeden Gescheiterten steht.
Ich möchte es noch er-leben!

Nachwort: Und jetzt?

Die schon hier gestellte – von einer Frau aufgeworfene –
Frage bleibt.

Was nun? Ich habe mir manches von der Seele geschrieben, und doch lässt es mich nicht los. Denn es ist
ja nicht geklärt.

Vielleicht erscheint offiziell manches geklärt, wie
etwa die Frage nach der Priesterweihe für Frauen, die
Papst Johannes Paul II. beantwortet hat. Wobei offiziell geklärt eher heißt: für manche „Würdenträger"
geklärt, für manche Glaubende geklärt. Für viele allerdings trifft wohl mehr zu: immer noch nicht! Ein
Achtzigjähriger sagt mir: Jetzt bin ich schon so alt,
aber wirklich hat sich in der Kirche nichts verändert.
Also selbst der Wechsel von der lateinischen zur deutschen Sprache in der Liturgie, selbst die Liturgiereform
scheint in keinem Verhältnis zu den anstehenden (und
nur teilweise hier aufgeworfenen) Fragen zu stehen.

Ich weiß das nicht zu lösen. Ich glaube nicht, dass
sich Kirche in einem „Gesundschrumpfungsprozess"
befindet, wenn sich immer mehr Menschen abwenden, wenn die Glaubwürdigkeit von Kirche immer
geringer wird. Das ist kein Aufbruch, das ist ein Eingehen. Ich verstehe sehr wohl, dass Papst Franziskus
nicht alles „von oben herab" entscheiden will, dass
er die Ortskirchen, die lokalen Bezüge stärken will.

Ortskirche, da sind die Bischöfe gefragt, wie an manchen Stellen des Buches geschrieben. Also bitte, nehmt den Ball des Papstes (endlich? leidenschaftlicher?) auf!

Vielleicht macht das hier Niedergeschriebene der einen oder dem anderen Mut, sei es in Abgrenzung oder Zustimmung; gleichgültig, nur Dialog bringt weiter, lässt Neues entstehen. Natürlich gehört das oftmals strapazierte Wort „auf Augenhöhe" noch einmal hierher. Ich glaube nicht, dass der Heilige Geist portioniert auf die Menschen herabkommt, in verschiedenen Stärken: dass er bei dem einen mehr ist, bei der anderen weniger. Also bei den geweihten Menschen mehr, und dies noch in Abstufung gemäß dem jeweiligen Weihegrad.

Haben wir – im Schatten der Missbrauchsstudie – eigentlich noch mehr zu verlieren? Nein. Aber zu gewinnen haben wir immer noch alles im ehrlichen Ringen um das, wie Kirche heute Hüterin und Anwältin des Glaubens und der Menschlichkeit sein kann.

Am Ende: ein offenes Wort

Endlich: Einer der deutschen Bischöfe (Overbeck) bezeichnet es als abwegig, homosexuelle Männer von der Priesterweihe auszuschließen. In diesem Zusammenhang spricht er von immensen Leidensgeschichten in der Vergangenheit und Gegenwart bis hin zu Diskriminierungen, die schwule Männer (und lesbische Frauen) generell erfahren haben, auch in der Kirche (katholisch.de am 28.01.2019). Immerhin hat der Vatikan noch 2016 verkünden lassen, Männer mit einer „tiefsitzenden" Homosexualität könnten nicht zum Priester geweiht werden, weil sie sich in einer Weise empfinden, „die in schwerwiegender Weise daran hindert, korrekte Beziehungen zu Männern und Frauen aufzubauen" (hier zitiert aus Magnus Striet/Rita Werden: Unheilige Theologie! Analysen angesichts sexueller Gewalt gegen Minderjährige durch Priester, Freiburg 2019).

Wie nennt man eine solche Argumentation? Woher bezieht sie ihr „Wissen"? Müssen derartige Behauptungen nicht begründet werden? Gibt es empirische Bestätigungen dafür? (Oder wird ein Vorurteil geteilt oder gar geschürt, das manche in der Gesellschaft [wie Kommentare in den sozialen Medien unter entsprechenden Artikeln bestätigen] immer wieder einbringen, als seien homosexuell empfindende Menschen sexuelle Monster, die jeden Mann lüstern ansehen und jede Gelegenheit nutzen? Ganz zu schweigen davon, was solche Ansichten über diejenigen offenbaren, die sie verbreiten.) Dass es keine tief- und nicht so tiefsitzende Sexualität gibt, dürfte eigentlich selbstverständlich sein. Man hat nicht nur eine Sexualität. Homosexuell sein bedeutet genauso eine Variante des Mann-Seins wie heterosexuell sein. Aber die Aussage des Vatikans, die ja 2016 nur erneut bekräftigt wurde, hat eben nicht zu offenen Gesprächsatmosphären in den Priesterseminaren geführt, im Gegenteil. Denunzieren war und ist eine Folge, und auf der anderen Seite verschweigen, Einsamkeit, Angst, jede Bewegung kontrollieren, um nicht irgendwie aufzufallen.

Schwul sein ist nicht etwas, was zum Menschen sekundär dazukommt, man kann es nicht isolieren oder auf bestimmte Regionen des Körpers reduzieren. Es bestimmt eben alles: die Art zu fühlen und zu leben. Was wären Musik und Kunst und viele soziale Einrichtungen ohne Schwule oder Lesben? Ich glaube, es ist nicht zu viel behauptet, dass genau diese Weise zu denken und zu fühlen die Kirche gern angenommen hat: in ästhetischer Hinsicht, in sozialer Hinsicht und auch unter dem Gesichtspunkt des Gehorsams. Gerade weil es zumindest zu meiner Zeit der Ausbildung (zweite Hälfte der 1980er Jahre), aber auch danach (geschweige denn davor) nicht möglich war, offen zu seiner Veranlagung zu stehen, weil man sofort mit einem Rauswurf rechnen musste, man aber doch voraussetzen kann, dass die Ausbilder genügend Menschenkenntnis mitbringen, um zu sehen, wie ein Mensch veranlagt ist, erzeugte allein dieser Umstand ein Abhängigkeitsverhältnis. Dieses von der Kirche irgendwie als Makel abgestempelte Schwulsein muss auf andere Weise wiedergutgemacht werden. Kirchenkritik wird darum selten von dieser Personengruppe geäußert, zumindest öffentlich nicht. Niemand will sich zu weit aus dem Fenster lehnen, auf sich aufmerksam machen. Im Gegenteil: Es entwickelt sich nicht selten eine große Kirchentreue. Wenn es einen Austausch gibt, dann immer im Verborgenen, immer auch mit der Angst, es könne etwas nach außen dringen. Weil man von der Kirche ja nicht gewollt ist, vielleicht nur hingenommen, man darüber hinwegsieht, solange es keine Auffälligkeiten gibt, solange – ich sag es sehr pointiert – die Gebete aus dem Messbuch korrekt abgelesen werden. Also Stillschweigen.

Und so gibt es nicht, was nicht sein darf oder nicht sein soll? Natürlich *nicht!* Es gibt die verschiedensten Schätzungen, wie hoch der Anteil schwuler Männer unter den Priestern ist. In jedem Fall ist er signifikant höher als im Durchschnitt der Bevölkerung. Viele stört dies auch nicht, weil man allgemein gern sagt: Sie sind gute Seelsorger. Aber seltsam oder – im Klima der Angst – eben nicht seltsam: Alles bleibt irgendwie nebulös.

Natürlich spielt es keine Rolle, ob ein hetero- oder homosexueller Mensch in der Seelsorge tätig ist, aber wenn es stimmt, dass die Sexualität nicht nur ein Teil des Menschen ist, sondern ihn durch und durch ausmacht, dann durfte bislang etwas ganz Wesentliches, den Menschen Bestimmendes nicht zur Sprache kommen. Mit „Erfolg". Und dafür öffnet Bischof Overbeck, längst überfällig, eine Tür, indem etwas sagbar wird und nicht länger unsäglich bleibt.

Ich gehe durch diese Tür. Mit 53. Nicht stolz, eher hinkend. Ja, und es ist eine Leidensgeschichte. Vier Jahre Psychotherapie in den vergangenen Jahren haben dazu beigetragen, diese offene Tür zu durchschreiten. Ich kann nichts dafür, dass ich so bin, wie ich bin. Niemand hat es als Begabung bezeichnet, immer galt es als Makel, als etwas, das nicht normal ist, nicht von Gott gewollt. In meiner eigenen Familie konnte ich bis heute nicht darüber sprechen. Scham. Meine Eltern meinten es gut, aber sie hörten auch auf das, was die Kirche sagt. Wie erschreckend, wenn Worte von Institutionen stärker werden als die eigene Herzenssprache ... (Immerhin verflucht Papst Gregor XVI. noch 1832 *„den Gedanken der Gewissensfreiheit als ‚reine Absurdität und ein geistesgestörtes Gefasel, aufbrodelnd aus der abscheulich stinkenden Quelle des Indifferentismus'"* [Roger Lenaers: Der Traum des Königs Nebukadnezar, Edition anderswo, 2010]. Diese krasse Sichtweise scheint allerdings noch nicht überwunden, auch wenn sie in anderen Worten Ausdruck findet*: „In dem von Müller und Benedikt XVI. vertretenen Modell ist dem katholischen Lehramt qua Offenbarung und Heiligem Geist die Wahrheit, d.h. der Wille Gottes, anheimgegeben. Es wird behauptet, dass im Zweifelsfall das Lehramt und nur das Lehramt das Sprachrohr Gottes darstellt, dessen Erlösung in der Menschwerdung zugesagt ist und des-*

sen geglaubte Zusage in die Gewissheit übertragen wird, dass die Welt nicht mehr aus der Wahrheit fallen kann, sofern sie die Lehre des katholischen Lehramts, d.h. letztlich des Papstes, annimmt. Moralität bedeutet auf dieser Linie Gehorsam bis dahin, dass Lehrinhalte, die dem Individuum nicht sogleich einleuchtend und plausibel erscheinen, so lange zu meditieren sind, bis sie sich dem normativen Maßstab eingeprägt haben. Zwar gilt der Grundsatz, dass jeder Mensch seinem Gewissen folgen soll. Zugleich ist es ihm jedoch als Schuld zur Last zu legen, wenn er sein Gewissen nicht an der Lehre der Kirche geschult und ausgerichtet hat" [Magnus Striet / Rita Werden: Unheilige Theologie! Analysen angesichts sexueller Gewalt gegen Minderjährige durch Priester, Freiburg 2019]).

Ich weiß nicht, ob meine Eltern es gemerkt haben, wie ich fühlte. Für mich war es hart. Sehr hart. Als Kind wollte ich ein Nachthemd, mich faszinierte der Lippenstift unserer Mutter (sie hatte nur einen). Aber reden konnte ich darüber nicht. Es gehörte sich nicht. Also schämte ich mich und konnte doch nichts dafür, dass ich so war, wie ich war. (Wie weh tut dann ein Wort des Papstes, wenn er sagt, mit Kindern könnten Eltern noch zum Psychologen oder Psychiater gehen, da wäre noch was zu machen ...) „Du bist ein Junge. Warte mal, wenn du zur Bundeswehr kommst" ... Wenn ich heute Hape Kerkelings Film „Der Junge muss mal an die frische Luft" sehe, erkenne ich viel auch von mir wieder. Ich konnte vieles damals nicht ausdrücken, also wurde es unterdrückt.

Das entstehende Gefühl von Einsamkeit und „nicht richtig sein" ist unbeschreiblich. Damals gab es noch keinen Papst, der (bei aller Widersprüchlichkeit, die mitunter in seinen Äußerungen sind und vielleicht auch auf Entwicklung hinweisen) gesagt hätte: Wenn katholische Eltern entdecken, dass ihr Kind homosexuelle Tendenzen (dieses Wort von den Tendenzen gehört allerdings abgeschafft) zeigt, sollten sie miteinander reden, Verständnis zeigen und dem Sohn oder der Tochter „Raum geben, sich auszudrücken". Die Eltern müssten ihren Kindern vermitteln: „Du bist mein Sohn, du bist meine Tochter, so wie du bist."

Ich hatte Angst, es meinen Eltern zu sagen. Nun sind sie schon lange tot. Ich glaube, sie hätten mich nicht verstanden, wären in große Konflikte geraten. Sicher wäre ich ihr Sohn geblieben, aber ich befürchte, sie hätten mich doch lieber anders gehabt. Normal eben. Es tut mir leid, aber daran sehe ich die Kirche als schuldig, obwohl ich in ihr vieles gefunden habe, was ich zu schätzen weiß. Manchmal denke ich, das hat masochistische Züge: Ausgerechnet die Institution, die mein Leben sehr stark überschattet hat, wird meine Arbeitgeberin. Ausgerechnet die Institution, die mit manchen ihrer Lehren bei mir für Gedanken von Lebensmüdigkeit gesorgt hat, prägt mich bis heute.

Dies zu schreiben fällt mir nicht leicht. Mir wird schlecht dabei. Ich muss eine Pause einlegen. Außenstehende mögen vielleicht fragen: Warum hast du das mit dir machen lassen? Hast du nicht irgendwann klar gesehen? Ich weiß es nicht. Klar sehe ich bis heute nicht. Wer sieht sein Leben ganz klar? Ich glaube, wegen meiner Veranlagung wollte ich nicht ich sein. Jemand anderes viel lieber. Oder lieber gar nicht sein. Das wäre eine Lösung. Irgendwann habe ich mich dazu durchgerungen, Gott glauben zu können, dass es ihm nicht nur gleichgültig ist, sondern dass er seine Hand im Spiel hat und dass er mich liebt. Das heißt eigentlich, ich möchte mich dazu durchringen, es so zu glauben. Immerhin gab es in meiner Kindheit noch Höllenängste und damit verbunden auch den Drang, gegen sich selbst zu wüten, damit man endlich in das Schema passt, wie die Kirche den Menschen sieht, was sie als widernatürlich sieht und was als gottgegeben. Klarheit habe ich in diesen Fragen seitens der Kirche noch nicht wahrgenommen. Eher Schweigen.

Das ständige Gefühl, mich verteidigen zu müssen, ist geblieben. Ich habe mich so nicht ausgesucht. Bin ich schlechter als andere? Ja, genau dieses Gefühl ist mir nicht fremd. Ich weiß, dass manche Kollegen mit ihrem Schwulsein „besser" klarkommen, aber sich genauso scheuen, dazu zu stehen, obwohl sie es als ein Geschenk sehen. Ein Geschenk? So weit bin ich noch nicht. Und ich muss es noch einmal sagen: Unsere Eltern haben es nur gut gemeint. Sie können nichts dafür. Aber viele in der Kirche können etwas dafür. Der Schatten ist groß und dunkel. Ich muss damit leben. Den Schmerz werde ich nicht los.

Mir ist klar, dass ich mich mit diesen Zeilen angreifbar mache. Dass es Menschen gibt, die sie nicht verstehen können. Dass es Menschen gibt, die sagen: So was (!) kann doch nicht Priester sein. Da muss der Bischof doch mal durchgreifen. Auch damit muss ich leben. Aber nun darf ich es eben auch mit einem bischöflichen Wort (frage mich aber auch, warum bei den Erklärungen, nun auch aus Paderborn, das verursachte Leiden nicht mitbenannt wird, von dem ich weiß, dass ich weiß Gott nicht der Einzige bin, der diese Fragen und das Leiden mit sich trägt; das Wort von den „immensen Leidensgeschichten" von Bischof Overbeck finde ich noch viel zu schwach). Und ich darf es mit Freundinnen und Freunden an der Seite. Mit manchen ist ein offenerer Austausch möglich. Leidensgenossen. Das gibt Halt.

Und ich habe das Glück, dass wir mehr und mehr (wieder) lernen, dass Zölibat und Einsamkeit nichts miteinander zu tun haben müssen. Bis weit in die zweite Hälfte des letzten Jahrhunderts hinein wurden die Pfarrhäuser mitbewohnt von einer Haushälterin. Auch bei uns zu Hause. Es war selbstverständlich. Und es war auch selbstverständlich, dass beide zusammen in den Urlaub fuhren. Heute würde man vielleicht etwas flapsig sagen: zölibatär, aber nicht „ehelos". Das macht die Anfrage an den Zölibat nicht geringer. Worum geht es dann bei ihm eigentlich? Um die Frage, bis wohin Berührungen erlaubt sind? In welch eine Rolle hat sich Kirche da drängen lassen? Und wundert es, dass jene, die bis in die intimsten Winkel der Schlafzimmer von Menschen hineingeschaut und -geredet haben, geradezu selbst das Interesse hervorgerufen haben, dass ihre eigenen „Schlafzimmer", die Schlafzimmer der Kirche, ausgeleuchtet werden?

Andererseits hat sich vieles auch erledigt. Außerhalb des kirchlichen Kontextes interessiert es kaum jemanden, was Kirche zu Sexualität, Ehe und Homosexualität zu sagen hat, zumal das Arbeiten mit Höllenängsten nicht mehr funktioniert, Humanwissenschaften die weitaus überzeugenderen und einsichtigeren Argumente liefern und es genügend theologische Arbeiten gibt, die zeigen, dass die Erkenntnisse der Humanwissenschaften nicht im Widerspruch zur Bibel stehen müssen, wenn man die Texte der Heiligen Schrift eben auch zeitgeschichtlich sieht. Das tut die Kirche bei vielen anderen Texten ganz selbstverständlich: prominent beim Schöpfungsbericht, beim Verbot, Blut zu „essen", beim Gebot der Beschneidung und bei vielen anderen, und dies, obwohl Jesus im Matthäus-Evangelium alle Vorschriften für gültig erklärt, bis zum letzten Häkchen und Tüpfelchen.

Seit 2017 lebe ich mit einem Priester meines Weihejahrgangs in einem Haus. (Mittlerweile gibt es verschiedene Versuche im Erzbistum, mit verschiedenen Konzepten des Miteinander-Wohnens Einsamkeit zu begegnen). Wir sind sehr lange befreundet, über dreißig Jahre. Können über fast alles reden. Wir wissen sehr um unsere Grenzen, auch um die, die mit dieser Lebensform im Rahmen des Zölibates verbunden sind. Ein Allheilmittel gegen jede Form von Einsamkeit ist das nicht, davor vermag die beste Ehe nicht zu schützen. Natürlich wünsche ich mir so etwas wie ein #MeToo, Priester, die sich in ihrem „So-sein" (eine gebräuchliche Umschreibung, damit man bestimmte Worte nicht in den Mund nehmen muss ...) nicht mehr verstecken, es als Begabung sehen, als eine Bereicherung auch für die Kirche, und signalisieren, wie sehr Kirche viele Menschen in dieser Thematik zutiefst verletzt hat. Gelinde gesagt. Damit das, was ist, auch ins Wort darf und Wunden nicht länger verborgen gehalten werden müssen. Und dass endlich – gerade in der Kirche – erlebbar wird: Das Herz des Erlösers steht offen für alle.

Weitere Titel von Bernd Mönkebüscher

… und sie wickelte ihn in Lumpen und Liebe
Neue Blicke auf Weihnachten

2. Aufl. · 80 Seiten · Broschur
ISBN 978-3-429-03742-0

… weil in der Herberge kein Platz für sie war
Weihnachtliche Willkommensgedanken

96 Seiten · Broschur
ISBN 978-3-429-03846-5

Man kann nicht an Gott glauben, ohne menschlich zu sein
Weihnachten zum Beispiel …

96 Seiten. Broschur
ISBN 978-3-429-04390-2

zur Weihnachts-, Fasten- und Osterzeit

Unterbrechen und aufbrechen
Impulse für die Fastenzeit

88 Seiten. Broschur
ISBN 978-3-429-04351-3

Ein nicht endender Anfang
Fragmente zur Fasten- und Osterzeit

112 Seiten. Broschur
ISBN 978-3-429-05355-0

Das Kreuz ist ver-rückt
Osterbotschaften

96 Seiten · Broschur
ISBN 978-3-429-03922-6